中国周边国家经贸领域 中文人才需求建模研究

曾晨刚 ◎ 著

外语言交流合作中心2022年国际中文教育一般课题『RECP框架下的经贸中文人才需求量化研究』号：22YH65C）研究成果

《国家语委『十四五』科研规划一般项目（全球中文学习联盟研究专项）『基于大数据的海外中文教数构建及评估研究』（项目编号：YB145-86）研究成果

湖南师范大学出版社

·长沙·

图书在版编目（CIP）数据

中国周边国家经贸领域中文人才需求建模研究／曾晨刚著. --长沙：
湖南师范大学出版社，2024.11 --ISBN 978 - 7 - 5648 - 5441 - 6

Ⅰ. C964

中国国家版本馆 CIP 数据核字第 2024WQ4895 号

中国周边国家经贸领域中文人才需求建模研究

Zhongguo Zhoubian Guojia Jingmao Lingyu Zhongwen Rencai Xuqiu Jianmo Yanjiu

曾晨刚　著

◇出 版 人：吴真文
◇责任编辑：孙雪姣　张　雪
◇责任校对：王　璞
◇出版发行：湖南师范大学出版社
　　　　　　地址/长沙市岳麓区　邮编/410081
　　　　　　电话/0731 - 88873071　88873070
　　　　　　网址/https：//press. hunnu. edu. cn
◇经销：新华书店
◇印刷：长沙市宏发印刷有限公司
◇开本：170 mm×240 mm
◇印张：9.75
◇字数：160 千字
◇版次：2024 年 11 月第 1 版
◇印次：2024 年 11 月第 1 次印刷
◇书号：ISBN 978 - 7 - 5648 - 5441 - 6
◇定价：58.00 元

目　录

绪　论

一、研究缘起与研究意义

（一）研究缘起

在全球化的背景下，语言国际传播与国际贸易之间的关系日益紧密。语言是人类社会交流的重要工具，也是文化传播的载体。[①] 随着世界经济一体化的推进，国际贸易的规模不断扩大，各国之间的经济联系日益紧密。在这个过程中，语言国际传播对国际贸易的发展起到了重要的助推作用。

首先，语言国际传播有助于提高国际贸易的效率。国家开展外语教育，培养外语人才，有助于该国的企业和个人更好地与国际市场接轨，获取商业信息，最终推动该国对外贸易的发展。[②] 中国的"一带一路"倡议致力于深化中国与共建国的经贸合作，共同推进繁荣发展。在这一具有历史意义的进程中，"一带一路"共建国家意识到培养中文人才有助于其对华开展经贸合作。随着中国企业的国际化步伐加速，越来越多的外国友人开始学习中文，以期更顺畅地与中国企业和消费者进行交流。这种语言沟通的日益频繁，对于提升国际贸易的效率和顺畅度无疑起到了积极的推动作用。

其次，语言国际传播有助于促进国际贸易的多元化。在全球化进程中，

---

① 李宇明. 明了各国国情，顺利传播汉语 [J]. 世界中文教学，2007（3）：12 – 14.
② 郭熙，祝晓宏. 海外华语传播与《中国语言生活状况报告》 [J]. 语言文字应用，2007，（1）：44 – 48.

各国之间的经济联系日益紧密，国际贸易的商品和服务种类也在不断丰富。掌握多种语言，可以帮助企业和个人更好地了解不同国家和地区的市场特点，从而拓展业务领域，实现贸易多元化。① 例如，阿里巴巴、腾讯等中国知名企业在全球范围内开展业务，需要与来自不同国家和地区的客户、供应商和合作伙伴进行沟通。这些企业通过培养具备多语种沟通能力的员工，为国际贸易的多元化发展提供了有力支持。

最后，语言国际传播有助于提升国际贸易的文化内涵。在经济全球化的时代，语言国际传播不仅是文化交流的桥梁，更是推动文化产品贸易发展的关键动力。中文国际传播对于中国文化产品的出口具有不可估量的推动作用。随着中文在全球范围内的普及和深入，越来越多的外国消费者开始对中国文化产生浓厚兴趣，这为中国的文化产品出口培养了海外消费需求，进而拉动中国文化产品的出口。

随着中国经济实力的快速提升，中国在当代国际经济体系中的地位愈发重要。在可预见的未来，与国际贸易关联密切的经贸领域中文教育将会迎来重大发展机遇。发展经贸领域中文教育首先应把握当地的中文学习需求。本书将从语言经济学的角度出发，选取三组具有代表性的中国周边国家（中亚五国、东南亚八国、韩日两国），研究相关国家的对华经贸合作与其经贸中文人才需求之间的关系。在此基础上，总结并归纳上述区域经济体的经贸领域中文教育需求，为国际中文教育更好服务中国与周边国家的经贸合作提供学术参考。

（二）研究意义

1. 寻找学科交叉点，推动学术创新

语言经济学既属于语言学，也属于经济学；语言学与经济学的交叉，使经济学的理论、方法迁移至语言学研究，不仅会拓宽语言学的研究视野、创新语言学研究方法，还可为经济学提供新的研究命题，使其更好地服务

---

① 吴应辉. 汉语国际传播研究理论与方法［M］. 北京：中央民族大学出版社，2013.

于国民经济生活。① 然而，受限于各自的学科传统，语言学家与经济学家的合作有待加强。若能找到两大学科群的学科交叉点，通过学科协作，打破各自学科边界，实现两学科在理论以及方法层面的交融，往往能取得重大的学术突破。②③ 国际贸易与经贸领域中文教育存在一定的相关性：中国与世界各国积极展开经贸合作是经贸领域中文教育发展的前提条件；经贸领域中文教育的蓬勃发展，将会培养大量的复合型中文人才，为双方深化经贸领域合作奠定坚实的人才基础。研究国际贸易与经贸领域中文教育的相关性，可作为语言学与经济学两大学科群的共享命题，围绕这一领域的研究将具有一定的学术价值。

2. 为制定经贸领域中文教育发展规划提供学术支撑

2022 年 12 月 8 日，国际中文教育大会在北京开幕，此次大会设立"中文＋职业技能"分论坛，邀请学界以及企业界代表共商中文教育与职业教育的"嫁接"问题，使中文教学更好服务于"一带一路"共建国家的经济建设。在可预见的未来，"一带一路"共建国家将会对经贸领域中文人才保持旺盛的需求。从语言经济学的角度来看，一国的要素禀赋结构会决定其对外贸易结构，而特定的贸易结构则会派生出与之对应的经贸领域中文教育需求。本书通过数学建模揭示贸易结构对中文学习人口的吸附作用。随后基于实证研究结论，研究国际贸易与经贸领域中文教育需求之间的相关性，为制定经贸领域中文教育发展规划提供学术支撑。

3. 推动语言经济学与经贸领域中文教育研究的初步融合

科学理论是事物及其发展规律的客观反映，对实践有着积极的指导作用。在经济全球化、信息全球化的今天，中国与世界各国展开多维度的经济交流与合作有效推动了中文在经贸领域的传播。当代国际分工体系如何满足不同国家的经贸领域中文教育需求有待进一步探索。本书以语言经济

---

①　黄少安，张卫国，苏剑. 语言经济学导论［M］. 北京：商务印书馆，2017.

②　张卫国. 语言政策与语言规划：经济学与语言学比较的视角［J］. 云南师范大学学报（哲学社会科学版），2011，43（5）：8－13.

③　黄少安，张卫国，苏剑. 语言经济学导论［M］. 北京：商务印书馆，2017.

学相关理论为基础，分析中国与周边国家的跨国分工体系如何影响其经贸领域中文教育需求，以期推动语言经济学理论与经贸领域中文教育研究的初步融合。

二、相关研究动态

（一）语言经济学相关研究

"语言经济学是一门经济学与语言学的新兴交叉学科，它采用计量经济学的研究方法，研究语言变量与经济变量之间可能存在的数学关系。"[①] 根据不同的研究视角，可将相关研究细分为个体视角下的语言经济学研究、语言产业视角下的语言经济学研究以及国家视角下的语言经济学研究。下文将对相关研究进行梳理。

1. 个体视角下的语言经济学研究

个体视角下的语言经济学研究主要关注外语技能对劳动收入的激励效应。已有研究表明，社会分工会导致外语学习的经济回报率存在行业间的差异。金融、旅游、教育以及外贸行业的从业人员，个人的外语水平对其劳动收入有明显的正向激励作用，而对于通信工程、生物工程、房地产以及机械制造的从业人员，个人的外语水平对其劳动报酬的正向激励作用相对有限。[②③]

此外，社会分工还会导致不同外语技能的经济回报率存在行业间的差异。对于通信工程、生物工程、房地产以及机械制造的从业人员，其外语读写能力的经济回报率高于听说能力的经济回报率；对于金融、旅游以及外贸行业的从业人员，其外语听说能力的经济回报率高于读写能力的经济回报率；对于教育行业的从业人员，外语听说能力与读写能力的经济回报率则无明显差异。

① 张卫国，刘国辉. 中国语言经济学研究述略［J］. 语言教学与研究，2012（6）：102 - 109.

② 潘昆峰，崔盛. 语言能力与大学毕业生的工资溢价［J］. 北京大学教育评论，2016，14（2）：99 - 112 + 190.

③ 赵颖. 语言能力对劳动者收入贡献的测度分析［J］. 经济学动态，2016（1）：32 - 43.

最后，不同语言的经济回报率也存在差异。在欧洲，学习法语（或德语）的经济回报率高于学习英语的经济回报率。这一现象可能与欧洲经济一体化密切相关。随着欧洲各国稳步推进经济一体化，欧洲国家对美国的贸易依赖度逐步降低，而对法、德两个欧洲大国的贸易依赖度逐年增加，欧洲劳动力市场会将法语和德语赋予更高的经济价值，使法语和德语的经济回报率超过英语。①

2. 语言产业视角下的语言经济学研究

语言产业是以语言作为生产要素，以赚取产业利润为根本目的，向市场提供语言商品或语言服务的企业集群。研究语言产业首先需确定语言产业的业态分类标准。关于语言产业的分类标准，欧盟与北美已出台官方通用的产业分类标准，其中，欧盟将语言产业分为语言培训产业、语言翻译产业、语言出版产业、语言信息处理产业、语言康复产业、语言创意产业、语言会展产业、语言广告产业以及语言测试产业共九种业态。"根据北美产业分类体系（NAICS），语言产业可被分为语言翻译产业、语言培训产业以及语言科技产业三大基础业态。其中语言翻译产业可分为书面语翻译产业与口语翻译产业两类；语言培训产业可分为外语培训产业、语言治疗产业以及语言测试产业三类；语言科技产业可分为自然语言处理产业与语音信号处理产业两类。"②

中国尚未颁布官方认可的语言产业分类标准，产业分类标准尚停留在学术研究层面。研究视角存在差异，导致不同学者的分类标准差异较大，如"从语言服务的角度出发，可将语言产业分为语言知识、语言艺术、语言技术、语言标准、语言数据以及语言产品六大基础业态"③；"从语言消费的角度出发，可将语言产品分为提升语言能力、感受语言魅力以及优化消费体验三类，其中提升语言能力包含提升母语能力和提升外语能力两个子

---

① GRIN F. Economics Approaches of Language and Language Planning：An Introduction［J］. International Journal of the Sociology of Language，1995，121（1）：1 - 16.

② 黄少安，张卫国，苏剑. 语言经济学导论［M］. 北京：商务印书馆，2017.

③ 李宇明. 语言与经济的关系试说［J］. 语言产业研究，2018（0）：1 - 7.

类，感受语言魅力主要指对语言创意产品的消费行为，优化消费体验主要与等待过程中的语言服务有关"①；"从产业功能的角度出发，可将语言产业分为语言能力产业、语言内容产业以及语言信息处理产业三类，其中语言能力产业涵盖语言测试产业和语言培训产业两大业态，语言内容产业涵盖语言翻译产业和语言出版产业两大业态，语言信息产业包含文字图像处理、语音信号处理以及自然语言处理三大业态"②。

3. 国家视角下的语言经济学研究

语言国际传播会有效降低交易双方的信息交换成本，促进信息无损传递，进而提升交易效率。研究语言国际传播对国际经济交流合作的促进作用是国家视角下语言经济学研究的主要研究任务。下文将分别围绕语言距离与中外贸易成本以及中文国际传播对国际经济交流合作的促进作用两个方面进行文献梳理。

（1）语言距离与中外贸易成本

语言距离（Linguistic Distance）这一概念可用于衡量语言差异。自 Tinbergen 引力模型应用于国际贸易研究以来，语言距离的测度方法经历了以下三个阶段：第一阶段以虚拟变量法为代表，如果目标国与本国使用同一语言则记为 1，否则记为 0；第二阶段以考试测评法为代表，已有研究曾使用托福考试成绩作为测度的标准，将语言习得水平与语言差异等同起来；第三阶段测度以编辑距离法（Levenshtein Distance）和加权指数法（Weighted Index）为代表，前者对不同语言意义相等的词汇进行字符串转换，转换次数越多，语言距离越大，反之则越小，后者基于世界语言结构地图（WALS）数据库，对不同语言的差异（语音、词汇和语法等）进行加权平均，测算了新的语言距离指数，并考察了其对双边贸易的影响。③ 围绕语言

① 李艳. 语言消费：基本理论问题与亟待搭建的研究框架［J］. 语言文字应用, 2017（4）：132－141.

② 陈鹏. 语言产业的基本概念及要素分析［J］. 语言文字应用, 2012（3）：16－24.

③ LOHMANN J. Do language barriers affect trade？［J］. Economics letters, 2011, 110（2）：159－162.

距离的实证研究显示，语言距离与贸易和投资之间呈现显著的负相关，但对投资的负作用更大①。异质性研究则进一步发现，语言距离对中低收入国家的贸易和投资的影响要比高收入国家更为显著，同时考虑到英语作为贸易共同语，当地官方语言对于投资的促进作用要大于英语。②

语言距离虽会对国际贸易成本产生影响，但贸易共同语有助于降低贸易成本，提升双边贸易意愿。③研究语言国际传播对国际贸易的促进作用便成为语言经济学的另一个重要的研究议题。学界首先关注英语国际传播对国际贸易的促进作用，相关研究发现英语国际传播促进国际贸易的路径存在如下特征：从贸易方向的角度出发，英语国际传播对出口贸易的促进作用要大于进口贸易；④从贸易类型的角度出发，英语国际传播对服务贸易的促进作用要大于货物贸易⑤；从贸易对象的角度出发，英语国际传播对英语国家和非英语国家都有促进作用，如阿拉伯语、俄语、日语、中文等非英语国家也能通过发展外语教育促进其国际贸易发展。⑥

（2）中文国际传播对国际经济交流合作的促进作用

孔子学院对中国对外直接投资的促进作用。已有研究表明，吏治清廉且与中国签署双边投资协定的国家，对外投资风险相对较小。基于这一前提，中国在相关国家建立孔子学院，培养中文人才，能够有效提升中资机构对这一地区的投资意愿。此外，对于低端制造业的海外投资，东道国的地理区位因素也会影响中资机构的投资意愿，相比非洲以及拉美国家，东

① HEJAZI W, MA J. Gravity, the English language and international business［J］. Multinational Business Review, 2011, 19（2）: 152 – 167.

② 张卫国，廖纯，程实，等. 语言距离对我国出口和对外直接投资的影响——基于"一带一路"沿线国家的研究［J］. 吉林大学社会科学学报，2024，64（2）: 150 – 169 + 239.

③ 王辉，曾晨刚. 非通用外语教育对国际贸易的促进作用——基于长三角地区的实证研究［J］. 语言文字应用，2022（3）: 2 – 11.

④ 苏剑. 语言距离影响国际贸易的理论机理与政策推演［J］. 学术月刊，2015，47（12）: 59 – 64.

⑤ 张卫国，孙涛. 语言的经济力量: 国民英语能力对中国对外服务贸易的影响［J］. 国际贸易问题，2016（8）: 97 – 107.

⑥ 张卫国，孙涛. 通用语的贸易效应: 基于中国与OECD国家贸易数据的实证研究［J］. 世界经济研究，2018（4）: 88 – 96 + 136 – 137.

南亚国家具有明显的区位优势。中国在东南亚国家建立孔子学院，能够有效拉动中国在这一地区的低端制造业投资。①②

孔子学院对中国文化产品出口的促进作用。中国在他国建立孔子学院，向各国人民传播中国文化，可有效缩小双方的文化距离，培育他国人民对中国文化产品的消费需求，进而拉动中国文化产品的出口。然而，不同研究对"文化产品"的界定范围存在差异，从而导致相关实证研究分化出两种结论。如果文化产品同时包括文化硬件产品与文化软件产品，研究结论则会导向"收入决定论"，即中国在欧美发达国家建立孔子学院，可有效缩短双方文化距离，拉动中国对欧美发达国家的文化产品出口。③④ 如果文化产品仅包括文化软件产品，研究结论则会导向"文化距离决定论"，即孔子学院对中国文化产品出口的促进作用仅限于东亚国家。⑤

孔子学院对货物贸易的拉动作用。相比其他类型的经贸活动，孔子学院对货物贸易的拉动作用较为稳定。围绕进口贸易与出口贸易的实证研究均显示，中国在他国建立孔子学院，培养中文人才，能够有效降低双方交易成本，拉动货物贸易总量的增长。

研究国际贸易与经贸领域中文教育的相关性，关键在于揭示国际贸易对各国经贸领域中文教育需求的影响机制。相比个体以及语言产业视角下的语言经济学研究，国家视角下的语言经济学研究与本书的研究目的较为接近。然而，现有研究主要关注的研究问题是中文国际传播的经济效益评价，上述研究难以为经贸领域中文教育发展提供直接的学术依据。本书将

① 易江玲，陈传明. 心理距离测量和中国的国际直接投资——基于缘分视角的分析 [J]. 国际贸易问题，2014（7）：123 – 132.

② 蔡梦月，孙鲁云. 语言相似度对中国对外直接投资的影响 [J]. 现代语文，2019（6）：122 – 126.

③ 顾江，任文龙. 孔子学院、文化距离与中国文化产品出口 [J]. 江苏社会科学，2019（6）：55 – 65 + 258.

④ 谢孟军. 文化能否引致出口："一带一路"的经验数据 [J]. 国际贸易问题，2016（1）：3 – 13.

⑤ 周升起，兰珍先. 中国文化国际影响力在不断提升吗？——基于文化产品和文化服务出口数据的初步考察 [J]. 吉林师范大学学报（人文社会科学版），2019，47（1）：57 – 68.

立足于货物贸易，研究双边贸易结构与经贸领域中文教育需求之间可能存在的相关性。

（二）经贸领域中文教育相关研究

当前经贸领域中文教育研究呈现出"微观研究多，宏观研究少"的格局。微观研究主要围绕以下几个方面展开：词库选词标准研究；语法教学原则研究；教材编写原则研究；聚合教学模式研究。与微观研究相比，宏观研究数量较少且处于起步阶段。下文将分别展开论述。

1. 经贸领域中文教育微观研究

词库选词标准研究。（1）基础词汇选词标准，以《中文水平考试词汇等级大纲》为选词范围，确定基础词汇的选词范围。[1]（2）专业词汇选词标准，基于特定领域的常用词词表（如《商务中文常用词语表》、《医学中文常用词词表》以及《科技中文常用词词表》等），确定特定领域专业词汇的选词范围。[2]（3）专业新词补充标准，教师根据特定的场景需求，通过"场景自省"补充相关场景的新词。[3]

语法教学原则研究。（1）语法解释应追求"规则化""公式化"，经贸领域中文的教学对象多为成年人。相比儿童，成年人往往具备较强的抽象认知能力，在教学过程中直接采取"句法规则→实例演绎"的思路，能够有效帮助成年人快速掌握语法规则。[4]（2）合理安排专业知识教学与语法知识教学所占比例。[5]（3）考虑不同行业对语法学习的跨行业差异。面向餐饮、旅游以及外贸行业的经贸领域中文教学应关注口语语法教学，而面向

---

① 季瑾. 基于语料库的商务汉语学习词典的编写设想 [J]. 语言教学与研究, 2007 (5)：15 - 21.

② 张黎. 商务汉语口语的话语特征 [J]. 汉语学习, 2010 (3)：90 - 94.

③ 周小兵, 干红梅. 商务汉语教材选词考察与商务词汇大纲编写 [J]. 世界汉语教学, 2008 (1)：77 - 84.

④ 贺阳. 非中文专业语法教学目的的实现 [J]. 语文建设, 1995 (7)：12 - 13.

⑤ 楼益龄. 汉语主体意识与对外商务汉语教学 [J]. 云南师范大学学报, 2004, 2 (1)：50 - 54.

土木工程、通信工程以及机械工程的经贸领域中文教学应关注书面语语法教学。①

教材编写原则研究。（1）开发经贸领域中文教材需坚持特定的教学理念。②（2）锁定目标群体，突出教材的针对性。经贸领域中文的学习者在文化背景、学习需求、学习层次、学习动机以及学习地域等维度差异显著，开发经贸领域中文教材应把握目标市场需求。③（3）重视语言学理论对开发经贸领域中文教材的指导作用。社会语言学、系统功能语言学以及互动语言学可为经贸领域中文教材的研发提供理论支撑。④ 重视语言学理论对开发经贸领域中文教材的指导作用将会有效提升相关教材的研发质量。⑤

聚合教学模式研究。聚合教学模式是聚合思维法在经贸领域中文教育中的具体运用，这种教学模式具有统一主题、跨学科、协作教学、交叉融合、合作学习以及多维视角六大特点。（1）统一主题是核心。聚合教学首要的就是确定一个共同的主题，以凝聚教师、整合教学方法、集聚学习资源。主题有总主题和分主题之分，总主题形成聚合课程，分主题形成聚合课程的教学单元。（2）跨学科是特色。所谓跨学科，就是有意识地去参与并整合多个学术领域和多种学习方法来研究某个核心问题或项目。在聚合课程中，教师学术背景跨界，教学资源跨越不同学科，教学方法多元交叉交融。学生能接触多学科的教育理念、多样化的教学风格，被多学科极大地赋能，从多学科的角度思考问题，体验到不同学科交叉融合的魅力。（3）协作教学是路径。聚合课程根据同一主题，确定不同学科参与的课程数据项，由担任这些课程的教师组成聚合课程教师共同体，相互配合、相互协调，共同完成教学任务。由此发挥教师团队的力量，弥补单个学科教师知

① 孙德金. 对外汉语专业教育中语言知识课的定位问题 [J]. 语言教学与研究, 1999 (1): 30－43.
② 丁俊玲. 商务汉语信息库建设刍议 [J]. 教育评论, 2009 (5): 104－106.
③ 胡霞. 商务汉语教材编写中存在的问题与对策 [J]. 科技与出版, 2014 (9): 105－108.
④ 沈庶英. 经贸汉语综合课的定位 [J]. 语言教学与研究, 2006 (5): 75－80.
⑤ 姜国权. 商务汉语教材数字出版浅探 [J]. 中国出版, 2014 (13): 59－60.

识能力和学术视野的不足。（4）交叉融合是目标。学习不是知识的简单叠加，而是知识的交叉融合。聚合课程不仅能够为学生提供多学科视野的思维习惯，而且能够培养学生跨学科的读写、推理、批判、信息处理、问题解决、创造性表达等方面的能力。学生对跨学科的信息进行处理整合、加工再造、逐步积淀，就会潜移默化地内化为自身的能力。（5）合作学习是策略。合作学习是一种结构化、系统化的学习策略。学习共同体是聚合课程的重要组织形式，教师和学生为了完成共同的教与学的目标，在学习共同体内进行思想交锋、智慧碰撞、知识共享。成员不受专业和年级限制，既满足学生多元需求的兴趣，也促进教师的成长。（6）多维视角是方法。世界是多样的，认识世界的视角是多维的。面对同一课程，每个学科都各有长处和局限。通过多元交叉、互补、融合，既拓宽了教师的学术视野和思维路径，也鼓励学生在探索不同学科领域的相互联系中提升学习的积极性、主动性和自信心。①

2. 经贸领域中文教育宏观研究

余江英②系统研究了经贸中文的传播机制。研究发现：（1）经贸中文传播研究的首要任务是分析中国与对象国在经贸领域的需求，分析过程中需坚持中国与对象国的双向互动视角；（2）在中国 21 个 FTA 伙伴国③中，对华经贸需求指数排名与中文传播指数排名存在明显的失匹配关系，这一现象反映了"国富语不强，经热语不热"的现实困境；（3）经贸领域需求对中文国际传播存在一定的正向影响，经贸需求系数每增长 1%，就会驱动中文传播系数增长 0.5%。

中国经济实力快速增长是推动经贸领域中文教育发展的原生动力，只

---

① 沈庶英. 商务汉语在线教学模式探索［J］. 中国远程教育，2015（6）：67 – 72.

② 余江英. 领域汉语传播规划研究：目标与任务［J］. 语言文字应用，2019（2）：10 – 19.

③ FTA 英文全称为 Free Trade Agreement（自由贸易协定），是两国或多国间具有法律约束力的契约，目的在于促进经济一体化，其目标之一是消除贸易壁垒，允许产品与服务在国家间自由流动（引自：中国国际商会. 国际贸易术语解释通则（2020 版）［M］. 北京：北京对外经济贸易大学出版社，2020：103.）。

有厘清了经贸需求如何作用于经贸领域中文传播，才能顺势而为，实现经贸领域中文教育的良性发展。从这一角度出发，余江英的研究具有重大的开创意义。然而，余江英并未剖析经贸领域中文教育产生国别化需求的经济动因。本书将立足于要素禀赋理论与国际分工体系理论，研究双边贸易结构对不同区域经济体经贸领域中文教育需求的影响机制。

三、研究目标与研究方法

（一）研究目标

本书的核心研究目标为研究中国周边国家的经贸领域中文人才需求。这一核心研究目标可被细分为如下几个子研究目标：一是厘清经贸领域中文教育需求分析的三种研究视角。二是研究贸易结构对中文学习人口的吸附机制。三是研究不同区域经济体的经贸领域中文教育的发展方向。四是分析中国与周边国家产业分工模式与当地经贸领域中文教育需求的关系。

为实现上述研究目标，本书将采取"总—分—总"的研究思路。鉴于当前语言经济学视角下的经贸领域中文教育需求研究尚属于起步阶段，如何系统地把握经贸领域中文教育需求有待探索。拙作首先从个人视角、语言产业视角以及国家视角出发，提出经贸领域中文教育需求分析的三种视角。随后聚焦于国家层面，重点分析中亚五国、东南亚八国以及韩日两国的对华贸易结构与其中文人才需求的关系。基于实证研究结论，分别论述上述区域经济体的经贸领域中文教育发展方向。最后，从中国与周边国家产业协作的角度出发，分析"中国—周边国家"产业协作模式与当地经贸领域中文教育需求的关系。

综上，本书具体研究内容可被细分为以下六大部分（见图0-1）：经贸领域中文教育需求分析的多层视角；对华贸易结构对中文学习人口的吸附作用；中亚五国经贸领域中文教育发展方向；东南亚八国经贸领域中文教育发展方向；韩日两国经贸领域中文教育发展方向；"中国—周边国家"产业协作模式与经贸领域中文教育的差异化发展趋势。

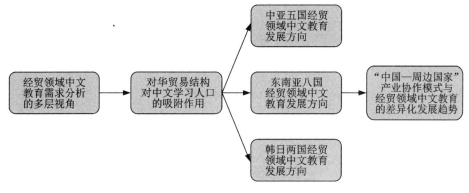

图 0 - 1　研究思路

（二）研究方法

1. 跨学科研究法

跨学科研究法是指在具体的研究任务中突破原有的学科界限，借用其他学科的理论与方法对目标研究命题进行整合式研究。①② 学科协作性与研究系统性是跨学科研究法的两个典型特征。跨学科研究法是本研究最主要的研究方法，以下将对该方法进行详细介绍。

学科协作性是跨学科研究法最为明显的特征。学科协作性是指打破原有学科界限，通过学科之间的交叉协作，对相关研究问题展开研究。国际中文教育研究本质上属于跨学科研究。当前的国际中文教育研究主要围绕语言学、教育学以及心理学三大一级学科展开交叉研究。然而，若要研究国际贸易与经贸领域中文教育之间的相关性，现有学科框架难以在研究方法与理论基础维度为这一研究命题提供学术支撑。为深入研究这一问题，本书将从语言经济学的视角展开研究，系统研究国际贸易与经贸领域中文教育的相关性。

研究系统性是指在跨学科研究中研究结论要强调整体性与系统性。以本研究提炼经贸领域中文教育发展模式为例，本研究首先将中亚五国、东

---

①　黄建钢. 论跨学科研究的经验、现状及趋势——对"跨学科研究"范式的一点反思和提炼 [J]. 学位与研究生教育，2012（3）：45 - 47.

②　孙秀丽. 跨学科研究及其在欧洲研究中的应用 [J]. 牡丹江教育学院学报，2020（5）：41 - 44.

南亚八国以及韩日两国作为三个相互独立的系统，采用普遍联系的观点，通过多维度、多层面、多领域比较，归纳出三大区域经济体的经贸领域中文教育发展方向。随后分析当代国际分工体系如何塑造不同的经贸领域中文教育需求，揭示国际分工如何促使不同国家经贸领域中文教育发展方向出现分化的经济学原理。

2. 数据挖掘法

裴健等指出："数据挖掘法是通过数学建模，揭示自变量与因变量之间可能存在数学关系的一种研究方法；数据挖掘法采取'定义挖掘目标→数据获取→数据预处理→数据建模→结果分析'的分析思路，最终定量解释自变量对因变量的影响机制。"[①] 本研究在研究贸易结构对中文学习人口的吸附作用时，所使用的研究方法为数据挖掘法。对于本研究而言，定义挖掘目标环节主要完成以下两项任务：构建实证研究的理论基础；确定数据挖掘对象以及挖掘目的。数据获取环节主要完成确定数据来源与数据抓取两项任务。数据预处理环节主要使用对数归一法，对语言变量以及经济变量分别取对数，完成数据归一化。数据建模环节则使用工具变量回归进行建模 OLS，分析贸易结构对中文学习人口的结构性吸附作用。

3. 全球视野比较法

吴应辉等指出："全球视野比较法强调在全球视野下各洲之间、国家之间、区域之间、不同文化背景之下、不同语言背景之下中文国际传播问题的定量与定性的比较研究。"[②] 对于本研究而言，首先选取中亚五国、东南亚八国以及韩日两国三大区域经济体，通过实证研究揭示贸易结构对中文学习人口的吸附作用。随后立足国际分工理论，分析国际分工对一国中文人才结构的影响机制，在此基础上，分析国际分工对不同国家经贸领域中文教育需求的"差异化赋值"原理。

---

① 黄建文，田宏强，裴健. 运营商用户数据安全防护体系的探索与实践 [J]. 信息网络安全，2012（12）：80 - 82.

② 李荷，吴应辉. 习近平文化思想对国际中文教育自主知识体系建构的指导意义 [J]. 昆明学院学报，2024，46（1）：11 - 16.

四、基本概念的界定

（一）专门用途中文与经贸领域中文

在展开正式研究之前，首先需对"专门用途中文"与"经贸领域中文"两个概念进行区别。"专门用途中文"的内涵较广，不仅包含国内高等院校涉及的专业中文，如理科专业中文、工科专业中文、中西医专业中文、文史哲专业中文、政经法专业中文等，同时也包含面向海外多元中文学习需求的"领域中文"，如外交中文、军事中文、军事科技中文、商务中文、旅游中文、科技中文、工程中文、工业中文、法律中文、航空中文、海运中文、公路中文以及物流中文等。[1][2]

"经贸领域中文"是"专门用途中文"的下位概念，指面向海外中文学习者与国际经济交流合作密切相关的"领域中文"。从社会分工的角度来看，"经贸领域中文"可被分为以下三个大类：与生产环节相关的经贸领域中文，如科技中文、工程中文、农业中文、矿业中文、能源中文、矿业中文以及工业中文等；与交易环节相关的经贸领域中文，如商务中文、贸易中文、法律中文以及税务中文等；与交通运输环节相关的经贸领域中文，如铁路中文、海运中文、航空中文、公路中文以及海关中文等。

（二）中文输出方与中文输入方

本研究还需对"中文输出方"与"中文输入方"的概念范围进行界定。吴应辉认为："语言国际传播圈可分为核心圈、边缘圈、外围圈以及薄弱圈，其中核心圈是中文作为母语使用的地区，是中文国际传播体系中的传播源。"[3] 理论上讲，香港、澳门以及台湾地区也是中文作为母语使用的地区，上述区域均可作为中文输出方。然而，本研究涉及计量建模，不同地区在产业结构、对外贸易结构以及贸易数据的统计口径上差异明显，上述

---

① 张黎. 商务汉语教学需求分析 [J]. 语言教学与研究, 2006 (3)：55-60.
② 李泉. 论专门用途汉语教学 [J]. 语言文字应用, 2011 (3)：110-117.
③ 吴应辉. 汉语国际传播事业新常态特征及发展思考 [J]. 语言文字应用, 2015 (4)：27-34.

因素均会影响到模型的准确度。因此，本研究所指的"中文输出方"仅指中国（不含港澳台）。而将边缘圈、外围圈以及薄弱圈的国家（或地区）均视为"中文输入方"。

（三）进口贸易与出口贸易

进口贸易与出口贸易是货物贸易的下位概念。货物贸易也被称为有形商品贸易，货物贸易所涉及的商品可分为十大类：食品及主要供食用的活动物；饮料及烟类；燃料以外的非食用粗原料，包括非食用的原材料，如棉花、橡胶等；矿物燃料、润滑油及有关原料，包括石油、煤炭等矿物燃料；动植物油脂及油脂；未另列明的化学品及有关产品；主要按原料分类的制成品；机械及运输设备，包括各种机械和运输工具，如汽车、飞机等；杂项制品，包括不属于上述分类的其他商品；没有分类的其他商品，包括无法归入其他类别的商品。① 理论上讲，货物贸易中的任何一方均可作为进口方（或出口方），因而在描述货物贸易时，还需确定贸易方向的参照系。本研究以中文输入方为贸易参照系，将进口贸易定义为中文输入方对华进口商品的贸易行为，将出口贸易定义为中文输入方对华出口商品的贸易行为。

---

① 联合国经济和社会事务部. 国际贸易标准分类（修订 4）［S/OL］.［2024 – 10 – 24］. https：//unstats. un. org/unsd/publication/SeriesM/SeriesM_ 34rev4c. pdf.

第一章
经贸领域中文教育需求分析的多层视角

发展经贸领域中文教育，制定符合当地需求的经贸领域中文教育发展规划，需以把握当地经贸领域中文教育需求为前提。当前，语言经济学视角下的经贸领域中文教育需求分析尚属于起步阶段，如何全面且系统地把握经贸领域中文教育需求有待探索。本章将分别从个体维度、语言产业维度以及国家维度出发，提出经贸领域中文教育需求分析的三种视角，以期初步奠定经贸领域中文教育需求分析的基本研究框架。

一、个体视角下的经贸领域中文教育需求分析

从微观经济学的角度出发，个体学习外语的根本动因在于外语技能的经济收益性。当持有外语技能的个体能够获得丰厚的劳动报酬，这种市场信号则会刺激其他个体学习外语，进而诱发微观层面的语言国际传播。进行个体视角下的经贸领域中文教育需求分析，首先，需分析这一现象背后的微观经济学原理，并基于教育生产函数（Education Production Functions）推导出中文教育函数，为个体视角下的经贸领域中文教育需求分析奠定理论基础。

（一）外语学习的微观经济学基础

设函数 F_{demand} (x) 为外语人才需求函数，函数 F_{costA} (x) 为平均劳动力价格函数，函数 F_{costB} (x) 为外语人才的价格函数，点 O (b_1, a_1) 为函数 F_{costA} (x) 与 F_{demand} (x) 的交点，点 M (b_2, a_2) 为函数 F_{costB} (x) 与

F_{demand} (x) 的交点。当国家积极投身于对外贸易，劳动力市场会对外语人才产生旺盛的需求。通过价值传导机制，市场会为掌握外语技能的个体赋予更高的劳动报酬（$a_2 > a_1$）。这种经济激励效应会吸引更多个体学习外语，促使外语学习人数从 b_1 增加到 b_2（见图 1-1A）。这一阶段被称为"双向激励阶段"，此时市场对外语人才需求迫切，外语学习人数与外语的学习经济回报率均呈现出同步增长的态势。

然而，在特定时间段内，劳动力市场为外语人才提供的就业岗位是一个定值。如果进一步增加外语人才的供给数量，市场则会出现外语人才供过于求的状态。此时供求函数 F_{demand} (x) 会向 F'_{demand} (x) 方向移动（见图 1-1B、C），外语学习的经济回报率开始大幅下降：如果外语人才的供给数量并未超过市场需求总量，外语人才的收入水平则由 a_2 降至 a_3 水平（$a_2 > a_3$，见图 1-1B），但 a_3 仍然高于平均劳动价格（$a_3 > a_1$，见图 1-1B）；如果外语人才的供给数量远远超过市场需求，则会出现外语人才的供给过剩，此时外语人才的收入水平将低于平均劳动力价格（$a_3 < a_1$，见图 1-1C）。上述两种情况为"单向激励效应"，此时外语学习人数进一步增长，市场出现外语人才供给过剩的风险，外语人才的劳动报酬水平将会出现不同程度的"挤压"，无法赚取丰厚的劳动报酬。

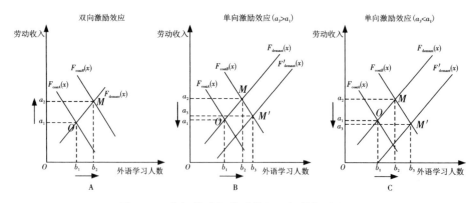

图 1-1　市场供求与劳动收入之间的相关关系

由上文可知，市场供求与外语人才的劳动收入存在一定相关性。进行个体视角下的经贸领域中文教育需求分析，其核心任务在于构建中文学习者的劳动价格函数，研究市场供求关系与其劳动收入之间的相关关系。然而，市场供求关系具有动态性与复杂性，市场供求数据均属于强噪声数据，若直接将相关变量引入计量模型，将会无限扩大模型残差，难以保证模型的准确性。[①] 从可操作性的角度来看，教育生产函数有可能会为这一研究命题提供理论支撑，下文将对教育生产函数进行简要介绍。

（二）教育生产函数

教育生产函数是一种计算教育经济效益的计量模型。这种计量模型以"收益型变量"为因变量，以"投入型变量"为自变量，计算两者可能存在的相关关系。其中"收益型变量"是指个体通过付出特定的教育生产成本，从而获得收益的变量，如劳动收入、考试成绩以及升学率均属于"收益型变量"。"投入型变量"是指个体在接受教育的过程中，所付出的资本、时间以及社会地位的教育投入，如学费、学习时间、所学专业、工作岗位则属于"投入型变量"。根据不同的研究对象，教育生产函数可被分为面向成人的教育生产函数与面向青少年的教育生产函数，两者的数学表达式分别为：

面向成人的教育生产函数：

$$Income = a_1 Edu\_Cap_j + a_2 MA_j + a_3 Job_j + a_4 Fin\_EB_j + a_5 Coef\_Soc\_Eq_j + \mu_0 \tag{1}$$

面向儿童的教育生产函数：

$$Score = a_1 Edu\_Cap_j + a_2 Soci\_Cul_j + a_3 Edu\_par_j + a_4 Fam\_inte_j + a_5 Fam\_Crim\_Record_j + \mu_0 \tag{2}$$

式（1）为面向成人的教育生产函数。在该式中，因变量为成人的劳动收入（$Income$），三个自变量分别为教育投入资本（Edu_Cap）、大学所学专业（MA）以及职位（Job）。此外，为提升模型的准确度，还需将成人的最终教育水平（EB）与所在国的社会公平系数（$Coef\_Soc\_eq$）作为控制变量。

[①] 黄少安，张卫国，苏剑. 语言经济学导论［M］. 北京：商务印书馆，2017.

式（2）为面向儿童的教育生产函数。在该式中，因变量为儿童的考试成绩（*Score*），三个自变量分别为教育投入资本（*Edu_ Cap*）、所在国的社会文化背景（*Soci_ Cul*）以及父母受教育水平（*Edu_ Par*）。此外，该模型还将家庭完整水平（*Fam_ inte*）① 与家庭成员是否存在犯罪记录（*Fam_ Crim_ Record*）作为控制变量。

相比面向儿童的教育生产函数，面向成人的教育生产函数与个体视角下的经贸领域教育需求分析存在较强相关性。下文将基于面向成人的教育生产函数，构建个体视角下经贸领域中文教育需求分析所需的计量模型——中文教育函数。

（三）中文教育函数

中文教育函数应研究以下两类问题：一是研究成人所拥有的中文技能对其劳动收入的激励效应；二是研究影响成人中文学习意愿的社会文化因素。因此，中文教育函数应包含收入激励方程与意愿调控方程两个子函数。

1. 收入激励方程及其假设

收入激励方程的数学表达式为：

$$Income = a_1 Edu\_ cost_j + a_2 Job\_ type_j + a_3 Major\_ type_j + a_4 Soci\_ cul_j + a_5 Coef\_ Soc\_ eq_j + \mu_0 \tag{3}$$

在式（3）中，因变量为成年中文学习者的劳动收入（*Income*），自变量为中文教育成本（*Edu_ cost*）、工作类型（*Job_ type*）以及所学专业（*Major*）。控制变量为所在国的社会文化背景（*Soci_ Cul*）及社会公平系数（*Coef_ Soc_ eq*）。

基于收入激励方程，笔者提出如下假设：

（1）成年中文学习者所投入的中文教育成本与其劳动收入存在正相关关系。如果成年中文学习者不断增加中文教育投入，将会有效提升其中文交际能力，这一信号通过收入激励方程传导至劳动市场，市场将会为其赋予更高的劳动报酬。

---

① 家庭完整水平是指儿童所处的成长环境是单亲家庭还是双亲家庭。

（2）社会分工会对成人中文学习者的劳动收入产生明显的调控作用。如中文教师（仅限本土教师）与中文翻译的中文水平将直接影响其劳动收入，而工程师以及律师的中文水平对其劳动收入的调控作用相对有限。

2. 意愿调控方程及其假设

意愿调控方程旨在研究影响个体中文学习意愿的社会文化因素，其数学表达式为：

$$WLC = a_1 Cul\_dis_j + a_2 Lang\_dis_j + a_3 F\_Coef_j + a_4 Eco\_de_j + \mu_0 \qquad (4)$$

在式（4）中，因变量为成人中文学习者的中文学习意愿（Willingness to Learn Chinese，WLC）。自变量为中国与中文输入国的文化距离（Culture Distance，Cul_dis）和语言距离（Language distance，$Lang\_dis$）。控制变量为中文输入国的社会公平系数（Fairness Coefficient，F_Coef）与经济发展水平（National Level of Economic Development，Eco_de）。

基于意愿调控方程，笔者提出如下假设：

其一，中国与中文输入国的文化距离会影响该国民众的中文学习意愿。若中文输入国的主流文化与中华文化差异明显，巨大的文化差异则会抑制该国民众的中文学习意愿。反之，较为相似的文化背景则会提升该国民众的中文学习意愿。

其二，中国与中文输入国的语言距离会影响该国民众的中文学习意愿。若中文输入国的官方语言与中文差异较大，巨大的语言差异则会抑制该国民众的中文学习意愿。反之，若该国官方语言与中文较为相似则会提升该国民众的中文学习意愿。

二、语言产业视角下的经贸领域中文教育需求分析

语言产业对剩余价值的追逐构成了语言国际传播的产业经济动力。大力发展以中文培训产业、中文测试产业、中文出版产业以及中文文化产业为核心业态的中文教育产业，将会为经贸领域中文教育的可持续发展提供稳定、可靠的产业经济动力。语言产业视角下的经贸领域中文教育需求分析，关键在于揭示中文输入国中文产业的发展规律，为有关部门以及企业

制定科学、合理的中文教育产业发展规划提供学术支撑。下文将立足于产业经济学中的产业关联效应、产业波及效应以及产业聚集效应，论述进行语言产业视角下经贸领域中文教育需求分析的具体思路。

（一）产业关联分析

1. 产业关联分析的理论基础

产业关联分析的理论基础来自产业经济学中的"产业关联"这一概念。产业关联是指，不同生产部门以各种投入品和产出品为连接纽带构成的经济技术联系。产业关联可细分为前向关联与后向关联，前向关联是指上游产业的发展变化（如技术更新，原料价格的涨跌等因素）对下游产业的直接影响，以"金属采矿业→金属冶炼业→机械制造业"的产业协作模式为例，三大行业的经济技术联系即为前向关联，前一生产部门的产品是后一生产部门的生产要素，这种关系一直延续到产业链末端；后向关联指下游产业的发展变化（技术更新，原料价格的涨跌等因素）对上游产业的直接影响，我们仍以产业链"金属采矿业→金属冶炼业→机械制造业"为例，后一生产部门可为前一生产部门提供生产设备。前向关联与后向关联的计算公式如下：

$$前向关联系数：L_{F(j)} = \sum_{j=1}^{n} x_{ij} / x_j \tag{5}$$

$$后向关联系数：L_{B(j)} = \sum_{j=1}^{n} x_{ji} / x_j \tag{6}$$

式（5）为前向关联指数，该指数等于产业 i 对产业 j 提供的中间投入之和与产业 j 的总产值之比，而式（6）为后向关联指数，该指数等于产业 j 为生产总值 x_j 而从产业 i 获得的中间投入之和与产业 j 的总产值之比。两类指数均为比值，其数值取值范围在 0 至 1 内，当该数值越接近 1 时，说明某一产业前向关联程度（或后向关联系数）水平越高，即不同产业之间联结程度较为紧密。[①]

---

① 聂亚珍、陈冬梅. 产业经济学 [M]. 北京：光明日报出版社，2011：135–137.

2. 产业关联分析的意义

围绕英语产业链的研究发现，东亚国家与中东欧国家英语产业链的分布格局存在明显差异。东亚国家英语产业链的分布格局为"上游产业：英语培训产业、英语测试产业→下游产业：英语出版产业、英语文化产业"①，而中东欧国家英语产业链的分布格局为"上游产业：英语出版产业、英语文化产业→下游产业：英语培训产业、英语测试产业"②。

东亚国家与中东欧国家英语产业链的分布格局差异本质上反映了两种不同的英语产业发展思路。从语言距离的角度来看，东亚国家的语言与英语国家的差异明显，相关国家人民需付出高昂的时间成本与教育成本，才能获得英语交际能力。从文化距离的角度来看，东亚国家与英语国家文化差异明显，东亚国家人民难以对英语国家文化产品产生稳定的消费需求。因此，东亚国家发展英语产业的根本目的在于获得英语交际能力，而非消费英语国家的文化产品。基于这一客观事实，东亚国家的英语产业链形成了以英语测试产业和英语培训产业为上游产业，以英语出版产业和英语文化产业为下游产业的产业分布格局。③

中东欧国家英语产业的发展逻辑与东亚国家完全相反。从语言距离的角度来看，中东欧国家的官方语言与英语国家差异较小，相关国家人民学习英语较为容易，这使得中东欧国家的英语培训市场规模存在明显的天花板效应。从文化距离的角度来看，中东欧国家与英语国家同属西方文化圈，相关国家人民对英语国家的文化产品存在天然的消费需求。因此，消费英语国家的文化产品是中东欧国家发展英语产业的根本目的。基于这一前提，中东欧国家的英语产业链形成了以英语出版产业和英语文化产业为上游产

---

① BELFIELD C, LEVIN H M. Educational privatization ［J］. International encyclopedia of education, 2010, 23（2）: 337-341.

② BIFULCO R Spin Cycle: How research is used in policy debates: the case of charter schools ［J］. Journal of economic literature, 2009, 33（5）: 121-141.

③ BELFIELD C, LEVIN H M. Educational privatization ［J］. International encyclopedia of education, 2010, 23（2）: 337-341.

业，以英语测试产业和英语培训产业为下游产业的产业分布格局。①

发展经贸领域中文教育产业，制定经贸领域中文教育产业的发展规划，首先应了解当地中文教育产业的上下游企业分布格局。已有研究启示我们，英语输入国与英语国家的语言距离及文化距离会影响该国英语教育产业的发展路径。② 鉴于此，我们假设，中文输入国与中国的语言文化差异也会影响其中文教育产业的发展路径。未来应基于产业关联理论，研究语言距离与文化距离如何塑造该国中文教育产业的发展路径，了解中文培训产业、中文测试产业、中文出版产业以及中文文化产业在其中文教育产业中承担何种层级的产业分工任务。在此基础上，因地制宜地制定产业发展规划，为推动当地经贸领域中文教育产业的可持续发展提供学术支撑。

（二）产业波及分析

1. 产业波及分析的理论基础

产业波及效应是指某一生产部门的需求（或价值）的变化会通过产业关联波及其他生产部门，进而诱发其他产业在需求（或价值）上也发生变化。产业波及效应可使用影响力系数和感应度系数进行量化考察，当某一生产部门的感应度和影响力系数均大于 2 时，便可认为该生产部门可作为支柱产业。③ 下文将分别介绍感应度系数与影响力系数的计算方法。

产业感应度系数是从供给的角度表示某一产业增加一个单位的供给会对其他产业的生产需求产生何种程度的推动作用，感应度系数越大，说明该部门对国民经济的推动作用越大。感应度系数是根据里昂惕夫逆阵系数表计算得出的，A_{ij} 为 $n \times n$ 阶逆阵系数表中第 i 行第 j 列元素，表示 i 部门为生产 j 部门单位产品所需提供的产品数量，那么 i 部门对 j 部门的感应度系数 S_i 可进行如下表述：

① BIFULCO R. Spin Cycle：How research is used in policy debates：the case of charter schools ［J］. Journal of economic literature，2009，33（5）：121－141.

② BELFIELD C，LEVIN H M. Educational privatization ［J］. International encyclopedia of education，2010，23（2）：337－341.

③ 聂亚珍，陈冬梅. 产业经济学 ［M］. 北京：光明日报出版社，2011：138－157.

产业感应度系数：$S_i = (\frac{1}{n}\sum_{i=1}^{n} A_{ij})/(\frac{1}{n^2}\sum_{i=1}^{n}\sum_{j=1}^{n} A_{ij})$ (7)

影响力系数是从需求的角度反映某一产业增加需求时，该产业对其他部门生产的波及程度，影响力系数越大，说明该部门的需求对国民经济的拉动作用越大。影响力系数是根据里昂惕夫逆矩阵系数表计算得出的，设元素 A_{ij} 为 $n \times n$ 阶逆阵系数表中第 i 行第 j 列元素，表示 j 部门所消耗的 i 部门的产品量，那么 j 部门对 i 部门的影响系数（T_j）可进行如下表述：

产业影响力系数：$T_j = (\frac{1}{n}\sum_{i=1}^{n} A_{ij})/(\frac{1}{n^2}\sum_{j=1}^{n}\sum_{i=1}^{n} A_{ij})$ (8)

2. 产业波及分析的意义

产业经济学认为，主导产业往往具备以下两个基本特征：（1）主导产业的利润增长率远高于其他产业的利润增长率；（2）主导产业具有极强的产业辐射效应，主导产业会从需求与供给两个维度，拉动整条产业链的发展。在理性条件下，大力发展主导产业，发挥其产业辐射效应，会为整条产业链的可持续发展注入稳定、可靠的产业动力。[1] 发展经贸领域中文教育产业，制订经贸领域中文教育产业发展规划需确定何种产业可作为经贸领域中文教育产业链中的主导产业。未来应面向中文输入国，展开中文教育产业的产业波及分析，在明确主导产业的前提下制订科学、合理的中文教育产业发展规划，为经贸领域中文教育发展提供稳定、可靠的产业经济动力。

（三）聚集效应分析

1. 聚集效应分析的理论基础

产业聚集是产业经济学的重要概念之一。产业聚集是指在特定的领域中，同时具有竞争与合作关系，且在地理上集中，有交互关联性的企业、专业化供应商、专业化服务商、相关产业的厂商以及相关的机构的经济聚集现象。产业集群存在三个特点，产业关联、地理集中以及组织协同。[2]

---

① 聂亚珍，陈冬梅. 产业经济学［M］. 北京：光明日报出版社，2011：152 – 161.
② 聂亚珍，陈冬梅. 产业经济学［M］. 北京：光明日报出版社，2011：182 – 208.

"基础—企业—市场"模型(Groundings - Enterprises - Markets，下文简称"GEM 模型")可用于区域的产业聚集评估研究。在 GEM 模型中，产业集群竞争力取决于基础、企业和市场三大要素，其模型结构见下图(见图 1 - 2)。

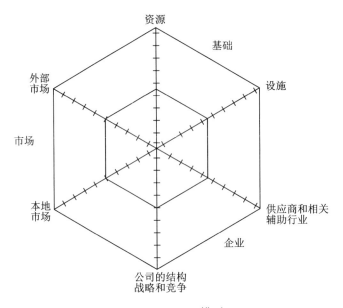

图 1 - 2　GEM 模型

在 GEM 模型中，三大基本要素分别为"基础""企业""市场"："基础"要素也被称为"因素对 I"，由"资源"和"设施"构成；"企业"要素为"因素对 II"，由"供应商与相关企业"和"厂商结构与战略"构成；"市场"要素为"因素对 III"，由"本地市场"和"外部市场"构成。GEM 模型的最大优势在于其通过模型赋值对影响产业集群效应的因素进行量化处理，这种量化结果不仅可衡量单个产业的产业集群效应，同时也可实现相关产业集群之间的集群效应的对比，其计算步骤如下：

第一步：根据"基础""企业""市场"三大基本要素建立评分标准。

第二步：以十分制为标准，对"资源""设施""供应商与相关企业""厂商结构与战略""本地市场""外部市场"六个因素进行评分。需明确的是，赋值过程是一个主观评定过程，评分者一般来自政府相关部门、咨询机构或该区域的行业协会，对相关产业发展态势有一定了解。

第三步：计算"因素对"分值。GEM 模型的每个因素对的两个因素都互为补充。"因素对分值"是基于两个互补因素得分计算的综合分值，其计算公式为：

$$因素对分值：Pair\ Score_{x(k)} = \sum_{n=1}^{k} x_{nk}/2\,(k = 2,3,4) \tag{9}$$

第四步：计算产业线性分值。产业线性分值的计算方法是将三个"因素对分值"相乘，随后对该数值进行比例转换，最终得到 GEM 系数的计算公式：

$$GEM\ 系数：GEM = 2.5\ (Pair\ Score_I \times Pair\ Score_{II} \times Pair\ Score_{III}) \tag{10}$$

根据上述流程求出 GEM 系数，如果一个产业集群的 GEM 得分不低于 250，说明此产业集群的竞争力已达国内平均水平；若 GEM 得分不低于 490，这说明此产业集群在国内具有较强的竞争力；若 GEM 得分接近 600，说明此产业集群对周边国家具有较强的竞争力；若 GEM 得分接近 1000，说明此产业集群在全球范围内具有较强的竞争力。

2. 产业聚集分析的意义

发展经贸领域中文教育产业还应考虑中文输入国的中文教育产业发展水平。产业聚集分析为我们提供了一种可行的研究思路。未来应基于 GEM 模型，系统测算各国中文教育产业的 GEM 系数，并根据当地中文教育产业的发育水平，因地制宜地制订中文教育产业发展规划。我们应重点关注 GEM 系数高于 600 的国家。从产业经济学的角度来看，若一国中文教育产业的 GEM 系数 600，说明该国中文教育产业的发展水平较高，对周边国家的中文教育产业存在较强的辐射效应。面向此类国家优先发展经贸领域中文教育产业，不仅会实现投资风险与经济收益的纳什均衡，还会利用其产业集群的对外辐射作用，促进周边国家的经贸领域中文教育产业发展。

三、国家视角下的经贸领域中文教育需求分析

国家视角下的经贸领域中文教育需求分析还应考虑中国货物贸易以及对外投资规模对经贸领域中文教育需求的影响机制。此外，发展海外经贸

领域中文教育，制订经贸领域中文教育发展规划，还应考虑中文输入国的潜在中文学习人口与师资供需情况，上述内容也应纳入国家视角下的经贸领域中文教育需求分析。

（一）货物贸易视角下的经贸领域中文教育需求分析

研究货物贸易视角下的经贸领域中文教育需求分析就是要揭示贸易结构对中文学习人口的吸附作用。本研究以新古典主义经济学中的"要素比例模型"为理论依据，构建实证研究的理论基础——"结构吸附模型"。

1. 要素比例模型

要素比例模型由瑞典经济学家赫克歇尔提出，该模型认为国家间在要素禀赋上的差异会影响到该国的贸易结构，而特定的贸易结构又会作用于不同生产部门的资源配置，进而促使国家的经济发展方向呈现出国别化特征。要素比例模型假设，在特定时间段内，一国要素禀赋往往处于一个相对稳定的状态，国家根据自身的要素禀赋，会形成特定的产业结构。在不发生战争的前提下，各国的要素禀赋难以实现跨国迁移，但自由贸易可以"间接"取代要素交换，即贸易双方通过交换各自所需的产品，间接实现要素在国际市场的流动，最终在全球范围内实现要素的优化配置。

要素比例模型的另一个经典假设是国家的要素禀赋结构会影响其对外贸易结构。这一过程可作如下表述：假设存在产品集合 $g = \{\alpha, \beta\}$，该集合包含两类产品 α 与 β；假设存在两种生产要素 $f = \{\alpha', \beta'\}$，α' 对应 α 产品的生产要素，β' 对应 β 产品的生产要素；假设两个国家 $n = \{\gamma, \delta\}$，上述两个国家同时领有生产要素 α' 和 β'，在此基础上两国均能生产 α 和 β 两类产品；假设两种生产成本 $c = \{c_1, c_2\}$ $(c_1 < c_2)$。函数 $Pro_{g,f}(n, c)$ 为两国基于特定生产要素的产品生产效率。对于 γ 与 δ 两国，两国在生产 α 与 β 两种产品时，其生产效率存在如下特征：

γ 国：$Pro_{\alpha, \alpha'}(\gamma, c_1) > Pro_{\beta, \beta'}(\gamma, c_2)$

δ 国：$Pro_{\alpha, \alpha'}(\delta, c_2) < Pro_{\beta, \beta'}(\delta, c_1)$

对于 γ 国，其 α 产品的生产效率高于 β 产品，即 α 产品为该国优势产品，而 β 产品为该国劣势产品；δ 国与之相反，α 产品为其劣势产品，β 产品为其优势产品。为使贸易双方均能达到利益最大化，γ 国应增加 α 产品的出口，压缩 β 产品的出口份额；δ 国应增加 β 产品的出口份额，压缩 α 产品的出口份额。从强化双方优势产业的角度来看，两国应做出如下发展战略：γ 国应增加 α' 要素的宏观资本存量，从而强化其生产 α 产品的优势；δ 国应增加 β' 要素的宏观资本存量，从而强化其生产 β 产品的优势。

2. 结构吸附模型

参考要素比例模型，本书提出"结构吸附模型"。该模型假设中国与中文输入国的双边贸易结构会对中文输入国的中文学习人口产生结构性吸附作用，其作用原理可作如下表述：

（1）假设存在产品集合 $g = \{\alpha, \beta\}$，该集合包含两类产品 α 与 β；存在两种生产要素 $f = \{\alpha', \beta'\}$，α' 对应 α 产品的生产要素，β' 对应 β 产品的生产要素；存在两个国家 $n = \{$中文输入国，中国$\}$。两国同时领有生产要素 α' 和 β'，在此基础上，两国均能生产 α 和 β 两类产品。假设存在生产成本集合 $\gamma = \{\gamma_1, \gamma_2\}$（$\gamma_1 < \gamma_2$），函数 $Pro_{g,f}(n, \gamma)$ 为两国的生产效率函数。中文输入国与中国在生产 α 与 β 两种产品时，其生产效率存在如下特征：

中文输入国：$Pro_{\alpha,\alpha'}$（中文输入国，γ_1）$> Pro_{\beta,\beta'}$（中文输入国，γ_2）

中国：$\qquad Pro_{\alpha,\alpha'}$（中国，$\gamma_2$）$< Pro_{\beta,\beta'}$（中国，$\gamma_1$）

（2）通过中文国际传播，中文输入国内部出现了一批通晓中文的个体。上述个体发挥自身的"信息中介"作用，实现两国经贸信息的共享。通过经贸信息共享，两国充分了解各自要素禀赋的分布差异，发现双方产业结构存在一定的互补性：对于中文输入国而言，α' 为其富余要素，β' 为其贫乏要素，α 为中文输入国的优势产业，而 β 为中文输入国的劣势产业；对于中国而言，β' 为其富余要素，α' 为其贫乏要素，β 为中国的优势产业，而 α 为中国的劣势产业。

（3）通过商务信息的深度交换，中文输入国会采取如下贸易策略：对于出口贸易，中文输入国应向中国增加 α 类产品的出口份额，压缩 β 类产品的出口份额；对于进口贸易，中文输入国需压缩 α 类产品的进口份额，增加 β 类产品的进口份额。为实现上述贸易目的，中文输入国的中文人才会向本国的优势产业与劣势产业实现双向聚集：一部分中文人才进入本国的优势产业（α 产业），发挥自身"中介"作用，促进本国优势产品的对华出口；另一部分中文人才进入本国劣势产业（β 产业），在充分了解本国产业劣势以及本国市场需求的前提下，发挥自身"中介"作用，通过进口贸易获取 β 类产品，满足本国市场需求。

综上，研究贸易结构对中文学习人口的吸附效应，其核心任务在于通过数学建模揭示双边贸易结构对中文学习人口的吸附作用。本书第二章将以结构吸附模型为理论基础，构建与之对应的计量模型——结构吸附方程。

（二）对外直接投资视角下的经贸领域中文教育需求分析

1. 投资诱发要素组合理论

投资诱发要素组合理论认为，投资诱发要素可被分为直接投资诱发要素与间接投资诱发要素两类。在两类要素的共同作用下，对外直接投资才会发生。直接投资诱发要素是指与对外直接投资相关的生产要素，如资源、劳动力（含廉价劳动力与高端劳动力两类）、生产技术以及管理制度等。如果投资国缺乏特定的生产要素，而东道国却领有这种生产要素，投资国则可以通过对外直接投资获得东道国的这种要素。[1]

间接投资诱发要素是指除去直接投资诱发要素以外的能够促使投资国对东道国进行投资的要素。根据要素领有方的差异，可将间接投资诱发要素分为以下三类：一是与投资国有关的间接投资诱发要素，如投资国政府制定的鼓励本国企业赴外投资的经济政策，投资国政府与东道国政府签署的双边投资协定均可被归为与投资国有关的间接投资诱发要素；二是与东道国有关的间接投资诱发要素，如东道国政局是否稳定、是否具备完善的商法体系、社会公平水平、政府清廉水平以及对投资国是否友好均可被归为与东道国有关的间接投资诱发要素；三是波及全球的间接投资诱发要素，如经济全球化、国际金融市场的汇率波动以及新兴技术的全球化传播均可被归为波及全球的间接投资诱发要素。[2]

---

① 张涵冰，周健. 简评跨国公司直接投资的诱发要素组合理论 [J]. 社会科学论坛，2005 (4)：215 - 217.

② 牟岚，刘秀玲. 英国对华直接投资的制约因素——基于投资诱发要素组合理论 [J]. 沈阳大学学报（社会科学版），2014，16（3）：299 - 303.

2. 教育决策模型

基于投资诱发要素组合理论，笔者提出"教育决策模型"，该理论假设间接投资诱发要素与直接投资诱发要素不仅会影响中资机构对东道国的投资意愿与投资领域，还会影响中资机构的外籍员工接受何种类型的中文教育，其原理为：

第一步，中资机构首先评估东道国的间接投资要素。若东道国具备较好的营商环境，中资机构将会对其直接投资要素进行评估（见图 1-3）。

第二步，中资机构对东道国的直接投资要素进行评估并决定具体的投资领域。如果"自然资源"与"廉价劳动力"为东道国的富集要素，中资机构将围绕农业、采矿业以及低端制造业对东道国展开投资。如果"资本""技术""高端劳动力"为东道国的富集要素，中资机构将围绕高端制造业对东道国展开投资（见图 1-3）。

第三步，中资机构会根据自身用工需求对外籍员工展开中文培训。在东道国经营农产品种植、加工以及运输的中资机构，将围绕农业的用工需求对外籍员工进行中文培训；在东道国经营矿产品采掘、加工以及运输的海外中资机构，将围绕采矿业的用工需求对外籍员工进行中文培训；在东道国经营制造业的海外中资机构，将围绕制造业的用工需求对外籍员工进行中文培训（见图 1-3）。

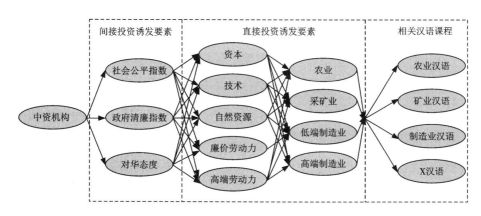

图 1-3　教育决策模型

从计量研究的角度出发，教育决策模型的数学表达式为：

$$FE\_POP = SF\_Coef_j + GC\_index_j + HCAC_j + Invest\_arg_j + Invest\_Min_j$$
$$+ Invest\_LM_j + Invest\_HM_j + \mu_0 \tag{11}$$

式（11）中，因变量为东道国中资机构所雇佣外籍员工的人口总数（Total Population of Foreign Employees，FE_POP）。控制变量分别为社会公平系数（Social Fairness Coefficient，SF_Coef）、政府清廉指数（Government Corruption Perceptions Index，GC_Index）以及东道国对华态度（Host Country's Attitude towards China，$HCAC$）[①]。自变量为中国对东道国农业投资总额（Chinese Agricultural Investment in Host Country，$Invest\_Agr$）、中国对东道国采矿业投资总额（Chinese Investment in Mining Industry of Host country，$Invest\_Min$）、中国对东道国低端制造业投资总额（Chinese Investment in Low-end Manufacturing in Host Country，$Invest\_LM$）以及中国对东道国高端制造业投资总额（Chinese Investment in High-end Manufacturing in Host Country，$Invest\_HM$）。

加快实施中国企业的"走出去"战略，是中国顺应经济全球化的一项重要战略决策。为适应东道国的经济发展生态，海外中资机构往往会招聘大量的当地员工。在可预见的未来，对当地员工进行中文教育培训将成为海外中资机构企业治理的重要任务之一。未来可基于中文教育决策模型，计算中国对外投资结构与经贸领域中文教育需求之间的相关性，为当地中资机构制订外籍员工的中文教育培训规划提供学术支撑。

（三）Q 值理论视角下的经贸领域中文传播系数测算研究

Q 值理论由荷兰人口经济学家德·斯旺提出。Q 值理论假设，人类社会是由多语者交错构成的一个复杂语言系统。一种语言的传播水平，是由该语言的 Q 值决定的。Q 值由语言流行度（Language Popularity）以及语言中心度（Language Centrality）共同决定。其中语言流行度与语言使用者（含母语者与二语者两种情况）在语群中所占的人口比例有关，而语言中心度

---

① 东道国对华态度为数值型变量，其计算方法如下：（1）以东道国重要媒体为信息来源，抓取涉华新闻；（2）使用情感分析算法，计算出相关新闻的情感系数并以此数值作为数据建模依据。

则与使用该语言的二语者在语群中所占的人口比例有关。一门语言的语言流行度与语言中心度越高，该语言被学习并使用的概率也就越高，其传播价值也就越高。Q 值的计算公式可被表述为：

$$Q_{si} = p_i \times c_i = （P_i/N_s）\times（C_i/M_s） \tag{12}$$

在式（12）中，N_s 代表特定语群中的人口总数，P_i 代表该语言的使用人口（含母语使用人口以及二语使用人口）。M_s 代表语群中所有二语者的人口总数，C_i 代表与语群中能够熟练使用该语言进行交际的二语者人口总数。因此，Q 值即为语言流行度（p_i）与中心度（c_i）的乘积。Q 值理论从语言使用人口的维度出发，定量计算一门语言在特定区域内的传播水平，是一种科学性较强的人口经济学理论。未来可基于 Q 值理论，测算中文在经贸领域的传播系数，揭示中文学习人口驱动经贸领域中文传播的内在原理，为制订科学、合理的经贸领域中文传播规划提供学术支撑。

（四）教师供给模型视角下的经贸领域中文教师供需分析

1. 教师供给模型

教师供给模型认为，一国的教师供给可被分为当前教师供给与潜在教师供给两类。其中当前教师供给指正在从事教学工作的教师，潜在教师供给指正处于培训阶段的新手教师，两者共同构成了师资供给端，而师资需求端会从供给总量以及供给质量两个维度对供给端进行调控：一国潜在受教育人口总量决定该国教师的供给总数，国家应根据潜在受教育人口总量制定教师的培养规划，确保教师的供需平衡；国家经济发展水平决定教师的培养成本，国家应根据自身经济发展水平，合理调控师资培养的物质投入（见图 1-4）。①

从计量研究的角度出发，师资需求对师资供给的调控机制可使用"供给总量方程"（Supply Equation）与"培训成本方程"（Training Cost Equation）展开计量研究，两者的数学表达式分别为：

---

①　MCEWAN P J. Economics of education ［M］. Oxford：Oxford University Press，2017：437 - 439.

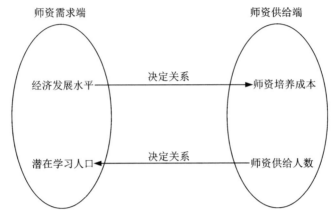

图 1 - 4　教师供需模型

供给总量方程：

$$TD\_teacher = PL\_POP_j + Non - ageing\_POP_j + FR_j + \mu_0 \tag{13}$$

培训成本方程：

$$TT\_cost = Per\_Income_j + V\_primary\_industry_j + V\_Secondary\_industry_j + V\_Tertiary\_industry_j + \mu_0 \tag{14}$$

式（13）为供给总量方程的数学表达式。在该式中，因变量为一国在特定时间段内的师资需求总量（Total Demand for Teachers，$TD\_teacher$），自变量为该国在特定时间段内的潜在学习人口总量（Total Potential learning population，PL_POP），控制变量为该国在特定时间段内的非老龄化人口总量（Total non-aging population，$Non\text{-}aging\_POP$）以及人口出生率（Fertility Rate，FR）。

式（14）为培训成本方程的数学表达式。在该式中，因变量为一国在特定时间段内的师资培养成本（Teacher training cost，TT_cost），自变量为该国在特定时间段内的人均可支配收入（Per capita disposable income，Per_Income），控制变量分别为该国在特定时间段内的第一产业产值（Output value of primary industry，$V\_primary\_industry$），第二产业产值（Output Value of Secondary Industry，$V\_Secondary\_industry$）以及第三产业产值（Output Value of Tertiary Industry，$V\_Tertiary\_industry$）[①]。

---

① MCEWAN P J. Economics of education [M]. Oxford：Oxford University Press，2017：439 - 440.

2. 国际中文教育师资供需模型

基于教师供需模型，笔者提出国际中文教育师资供需模型。该模型假设，中文输入国的教师供给也可被分为当前中文教师供给与潜在中文教师供给两类。其中当前中文教师供给指正在从事中文教学工作的教师，潜在中文教师供给指正处于培训阶段的新手教师，两者共同构成了中文师资供给端。师资需求端会从供给总量与供给质量影响中文教师的供给格局：中文输入国潜在中文学习人口总量决定该国中文教师的供给总量，中文输入国应根据潜在中文学习人口总量制定该国的中文教师培养规划，保证中文教师的供需平衡；中文输入国经济发展水平决定中文教师的培养成本，中文输入国应根据自身经济发展水平，调整中文教师的培养成本。

参考教师供需模型中的数学表达式，可将国际中文教师供需模型中的"供给总量方程"与"培训成本方程"分别表述为：

供给总量方程：

$$TD\_teacher = PCL\_POP_j + Non-ageing\_POP_j + FR_j + \mu_0 \qquad (15)$$

培训成本方程：

$$TT\_cost = Per\_Income_j + Arg\_China_j + Min\_China_j + Manu\_China_j + \mu_0 \qquad (16)$$

式（15）为供给总量方程的数学表达式。在该式中，因变量为中文输入国在特定时间段内的中文教师总数（Total Number of Chinese Teachers，*TD_teacher*），自变量为该国在特定时间段内的潜在中文学习人口总量（Total Potential Chinese Learning population，*PCL_POP*），控制变量为该国在特定时间段内的非老龄化人口总量（Total non-aging population，*Non-ageing_POP*）以及人口出生率（Fertility Rate，*FR*）。

式（16）为培训成本方程的数学表达式。在该式中，因变量为中文输入国在特定时间段内的中文教师培养成本（Chinese Teacher training cost，*TT_cost*），自变量为中文输入国在特定时间段内的人均可支配收入（Per capita disposable income，*Per_Income*），控制变量分别为中文输入国对华农产品贸易依赖度（Agricultural trade dependence on China，*Agr_China*），对华矿产品贸易依赖度（Minerals trade dependence on China, *Min_ China*），对华工业制成品贸易依赖度（Trade dependence of manufactured goods in China, *Manu_ China*）。

制订符合中文输入国国情的经贸领域中文师资培养计划对推动当地经贸领域中文教育的可持续发展具有重要意义。国际中文教育师资供需模型可为我们提供一种研究思路。未来可基于这一理论，计算不同国家经贸领域中文教师的需求总量及其培训成本，为制订科学、合理的经贸领域中文师资培养计划提供学术支撑。

本章小结

本章分别从个体维度、语言产业维度以及国家维度出发，构建了研究经贸领域中文教育需求的理论框架。经贸领域中文教育研究可被分为个体视角、产业视角、国家视角三个层面，其中个体视角下的经贸领域中文教育需求分析应以中文教育函数为理论基础，研究经贸领域中文教育的经济回报率；语言产业视角下的经贸领域教育需求分析应以产业关联理论、产业波及理论以及产业聚类理论为理论基础，研究经贸领域中文教育产业的发展规律；国家视角下的经贸领域中文教育需求分析，不仅关注国际贸易对经贸领域中文教育需求的拉动作用，还应关注海外潜在中文学习人口以及中文教师供给格局对经贸领域中文教育的影响机制。下文将立足国家层面，以"结构吸附假说"为理论基础，选取特定的中国周边国家，研究其对华贸易结构与其中文人才需求的关系。

第二章
对华贸易结构与经贸中文人才需求的相关性

　　从国家角度出发，中国与对象国的双边贸易合作是激发海外经贸领域中文人才需求的根本动因。研究国际贸易与经贸领域中文教育之间的相关性，应通过实证研究揭示中国与中文输入国的贸易结构对该国经贸中文人才的吸附作用。本章节将以结构吸附模型为理论基础，构建相应的算法模型——结构吸附方程。在完成理论基础构建与算法模型推导的基础上，以贸易关联原则、战略价值原则以及发展同质性原则为研究样本筛选原则，选取具有代表性的 17 个中国周边国家——中亚五国、东南亚八国以及韩日两国，研究上述国家对华贸易结构与经贸中文人才需求的关系。

一、计量模型的构建

　　基于结构吸附模型，构建与之对应的计量模型——结构吸附方程。构建结构吸附方程需遵循如下研究：第一步，构建泛型函数；第二步，确定语言变量与经济变量；第三步，构建出口吸附方程；第四步，构建进口吸附方程。

（一）构建泛型函数

　　设 i 为语言输出国，j 为语言输入国，$Lang$ 为语言变量，E 为经济变量，可将该函数的基本形式作如下表述：

$$Lang_{ij} = a_0 + \text{expl}E_{ij} + \text{cont}E_{ij} + \mu_0 \tag{17}$$

　　在（17）式中，被解释变量 $Lang_{ij}$ 表示语言输入国（j 国）在特定时间段内获得的特定中文供给（i 国语言）。解释变量 $\mathrm{expl}E_{ij}$ 表示两国在固定时间段内的贸易流量。控制变量 $\mathrm{cont}E_{ij}$ 表示中文输入国在特定时间段内基本经济禀赋的乘积。为提高模型的拟合优度，对（17）式进行对数处理，由此得到泛型函数：

$$\ln Lang_{ij} = a_0 + \ln \mathrm{expl}E_{ij} + \ln \mathrm{cont}E_{ij} + \mu_0 \tag{18}$$

（二）变量取舍

以中文输入国的中文学习人口（Number of Chinese Learners，NCL）为被解释变量，以中文输入国对华农产品出口总额（Farm Product Export Trade，FE）、对华矿产品出口总额（Mineral Product Export Trade，ME）、对华低附加值工业制成品出口总额（Lower Additional Value Manufactured Goods Export Trade，LME）、对华高附加值工业制成品出口总额（High Additional Value Manufactured Goods Export Trade，HME）、对华农产品进口总额（Farm Product Import Trade，FI）、对华矿产品进口总额（Mineral Product Import Trade，MI）、对华低附加值工业制成品进口总额（Lower Additional Value Manufactured Goods Import Trade，LMI）、对华高附加值工业制成品进口总额（High Additional Value Manufactured Goods Import Trade，HMI）为解释变量（见表1）。此外，为保证建模的准确性，分别以中文输入国的青壮年人口总量（POP）、GDP 总量（GDP）以及人均可支配收入（Per_I）作为控制变量（见表 2 - 1）。

表 2 - 1　语言变量与经济变量汇总表（i = 中国，j = 中文输入国）

所属方程	类别	名称	含义
出口、进口吸附方程	被解释变量	NCL_j	j 国每年参加 HSK（含 HSK 与 HSKK 两种考试）的人数
出口吸附方程	解释变量	FE_{ij}	j 国对中国农产品出口总额
出口吸附方程	解释变量	ME_{ij}	j 国对中国矿产品出口总额
出口吸附方程	解释变量	LME_{ij}	j 国对中国低附加值工业制成品出口总额
出口吸附方程	解释变量	HME_{ij}	j 国对中国高附加值工业制成品出口总额
进口吸附方程	解释变量	FI_{ij}	j 国自中国农产品进口总额

（续表）

所属方程	类别	名称	含义
进口吸附方程	解释变量	MI_{ij}	j 国自中国矿产品进口总额
进口吸附方程	解释变量	LMI_{ij}	j 国自中国低附加值工业制成品进口总额
进口吸附方程	解释变量	HMI_{ij}	j 国自中国高附加值工业制成品进口总额
出口、进口吸附方程	控制变量	POP_j	j 国 60 岁以下人口总量
出口、进口吸附方程	控制变量	GDP_j	j 国国民生产总值。
出口、进口吸附方程	控制变量	$Perc\_I_j$	j 国人均可支配收入

联合国经济和社会事务部发布的《国际贸易标准分类（修订4）》[①] 以及《高技术产业（制造业）分类标准（2017)》[②] 将货物贸易分为农产品、矿产品、低附加值工业制成品以及高附加值工业制成品四类，可具体参考其信息。

（三）出口吸附方程

以中文学习人口（Number of Chinese learners，NCL）为被解释变量，以对华农产品出口总额（Total Farm Product Exports，FE）、对华矿产品出口总额（Total Mineral Product Exports，ME）、对华低附加值工业制成品出口总额（Total Lower Additional Value Manufactured Goods Exports，LME）以及对华高附加值工业制成品出口总额（High Additional Value Manufactured Goods Export Trade，HME）为模型的解释变量。以中文输入国青壮年人口总量（POP）、GDP 总量（GDP）以及人均可支配收入（Per_ I）作为控制变量，得到出口吸附方程：

$$\ln NCL_j = a_0 + a_1 \ln POP_j + a_2 \ln GDP_j + a_3 \ln Per\_I_j + a_4 \ln FE_{ij} + a_5 \ln ME_{ij} + a_6 \ln LME_{ij} + a_7 \ln HME_{ij} + \mu_0 \tag{19}$$

（四）进口吸附方程

以中文学习人口（Number of Chinese learners，NCL）为被解释变量，将

---

① 联合国经济和社会事务部. 国际贸易标准分类（修订4）［S/OL］.［2024 – 10 – 24］. https：//unstats. un. org/unsd/publication/SeriesM/SeriesM_ 34rev4c. pdf.

② 中华人民共和国高技术产业（制造业）分类标准（2017 版）［S/OL］.（2018 – 12 – 18）［2020 – 04 – 06］. http：//www. stats. gov. cn/tjsj/tjbz/201812/t20181218_ 1640081. html.

对华农产品进口总额（Total Farm Product Imports，FI），对华矿产品进口总额（Total Mineral Product Imports，MI），对华低附加值工业制成品出口总额（Total Lower Additional Value Manufactured Goods Imports，LMI）以及对华高附加值工业制成品出口总额（High Additional Value Manufactured Goods Import Trade，HMI）作为模型的解释变量。以中文输入国青壮年人口总量（POP）、GDP 总量（GDP）以及人均可支配收入（Per_ I）作为控制变量，最终得到进口吸附方程：

$$\ln NCL_j = a_0 + a_1 \ln POP_j + a_2 \ln GDP_j + a_3 \ln Per\_\ I_j + a_4 \ln FI_{ij} + a_5 \ln MI_{ij} + a_6 \ln LMI_{ij} + a_7 \ln HMI_{ij} + \mu_0 \tag{20}$$

二、样本取舍原则与数据来源

（一）样本取舍原则

根据贸易关联原则、战略价值原则以及同质性原则，本研究将研究范围限定在中亚五国、东南亚八国以及韩日两国。中亚五国包含乌兹别克斯坦、哈萨克斯坦、塔吉克斯坦、吉尔吉斯斯坦以及土库曼斯坦五国。东南亚八国包含越南、老挝、柬埔寨、缅甸、泰国、菲律宾、马来西亚以及印度尼西亚八国。下文将分别对贸易关联原则、战略价值原则以及同质性原则进行介绍。

1. 贸易关联原则

贸易关联原则是指所选经济体需与中国维系着密切的贸易往来。从贸易体量的角度来看，中国与中亚五国贸易总量相对较小，但从贸易依赖度来看，中亚五国对华贸易依赖度较高，自 2009 年以来，中亚五国对华贸易总额依赖度均在 75 以上，属极度依赖中国的经济体。因此，研究国际贸易与经贸领域中文教育之间的相关性，应将中亚五国列为研究对象。2010 年 1 月 1 日，"中国—东盟"自由贸易区正式成立，借助自由贸易区的"东风"，中国与东南亚国家的贸易往来日益密切。2019 年，中国与东盟的双边贸易总额为 44321 亿元，东盟超过美国，为中国第二大贸易伙伴。2019 年，中日贸易总额为 27294 亿元，中韩贸易总额为 22371 亿元，日本、韩国分别为中国第四、第五大贸易伙伴，如果将中日、中韩贸易总量相加，两国对华贸易总量将达到 49665 亿元，这一数值超过欧盟对华贸易总额（48647 亿元），成为中国头号贸易伙伴。2020 年中国分别与上述国家签订了《区域全面经济伙伴关系协议》（RECP 协议）①。在可预见的未来，上述区域经济体在我国对外贸易体系中的地位将愈发突显。研究经贸领域中文教育需优先将上述经济体考虑进来。

2. 战略价值原则

战略价值原则是指，所选经济体对华应具有重要的战略价值。中亚五国地处欧亚大陆的心脏地带，是"新亚欧大陆桥"的重要交通枢纽，是中国通向欧洲的战略支点，其地缘战略价值不言而喻。东南亚西接印度洋，东临太平洋，同时涉及"中南半岛经济走廊"与"海上丝绸之路"两大经济带，是"一带一路"海陆经贸通道的交会之处，毫无疑问，东南亚各国将在中国推进"一带一路"倡议的过程中，扮演不可替代的作用。中日韩三国地理上一衣带水，互为邻邦，文化上均受儒家文化的浸染，拥有相同的价值观，这种地理与文化上的优势，有助于三国开展经贸领域合作。"近年来，美国贸易保护主义抬头，对世贸组织所倡导的多边自由贸易体系构成严重挑战，在这样一个时代背景下，中日韩三国加强经贸合作，不仅有助于维系东北亚的稳定与繁荣，还会为维护全球多边贸易体系做出应有的贡献。"②

3. 同质性原则

同质性原则是指所选区域经济体的经济发展水平与产业结构应具有较强的同质性。中亚五国均为发展中国家，农业与采矿业均为上述国家的支柱产业，五国的经济发展水平与产业结构较为相似，可直接列为研究样本。东南亚地区，我们将越南、老挝、柬埔寨、缅甸、泰国、菲律宾、马来西

---

① 商务部新闻办公室. 中国与东盟共同发表《中国—东盟自由贸易区全面建成 10 周年实施报告》[EB/OL]. （2020 - 11 - 13）[2022 - 03 - 26]. http://images. mofcom. gov. cn/www/202011/20201113175809195. pdf.

② 金灿荣. 十八大以来的中国外交理论和实践创新［J］. 当代世界，2017（10）：9 - 13.

亚以及印度尼西亚列入研究样本。上述国家均为发展中国家，低端制造业为上述国家的支柱产业。韩国、日本均为发达国家，高端制造业在韩日两国的产业体系中占有重要地位。

（二）数据来源

本研究涉及的语言变量为各国参加中国汉语水平考试（HSK）的人数。经济变量分别为中文输入国青壮年人口总量、人均可支配收入、GDP 总量、对华农产品出口总量、对华农产品进口总量、对华矿产品出口总量、对华矿产品进口总量、对华低附加值工业制成品出口总量、对华低附加值工业制成品进口总量、对华高附加值工业制成品出口总量以及对华高附加值工业制成品进口总量。下文将先后介绍语言变量与经济变量的数据来源。

1. 语言变量

首先介绍语言变量的数据来源。中国汉语水平考试考生人数由汉考国际教育科技（北京）有限公司提供。包括中亚五国（哈萨克斯坦、塔吉克斯坦、乌兹别克斯坦、吉尔吉斯斯坦以及土库曼斯坦）、东南亚八国（泰国、越南、马来西亚、印度尼西亚、菲律宾、老挝、缅甸以及柬埔寨）以及韩日两国共十五国，2005 年至 2019 年参加汉语国家考试的考生人数。

2. 经济变量

接下来介绍经济变量的数据来源。以国际货币基金组织（IMF）世界主要国家经济指标数据库为目标网站，抓取中文输入国 60 岁以下人口总量、GDP 总量以及人均可支配收入三类经济数据。以中华人民共和国商务部国别贸易数据库、中华人民共和国驻日本大使馆经济商务处、中华人民共和国驻韩国大使馆经济商务处、中华人民共和国驻越南大使馆经济商务处、中华人民共和国驻柬埔寨大使馆经济商务处、中华人民共和国驻马来西亚大使馆经济商务处、中华人民共和国驻泰国大使馆经济商务处、中华人民共和国驻缅甸大使馆经济商务处、中华人民共和国驻菲律宾大使馆经济商务处、中华人民共和国驻印度尼西亚大使馆经济商务处、中华人民共和国驻老挝大使馆经济商务处、中华人民共和国驻哈萨克斯坦大使馆经济商务处、中华人民共和国驻吉尔吉斯斯坦大使馆经济商务处、中华人民共和国驻塔吉克斯坦大使馆经济商务处、中华人民共和国驻乌兹别克斯坦大使馆经济商务处以及中华人民共和国驻土库曼斯坦大使馆经济商务处为目标网站，抓取货物贸易数据。

三、"中国—中亚"贸易结构对中文学习人口的吸附作用

（一）研究背景

中亚五国地处欧亚大陆心脏地带，是"新亚欧大陆桥"的重要交通枢纽，是中国通向欧洲的"桥头堡"，具有重要的地缘战略价值。下文将分别从人口、GDP 总量、人均可支配收入以及对华贸易结构等角度出发，简要论述中亚五国的经济发展情况。

1. 人口快速增长，大量涌入城市

中亚五国是世界上人口增速最快的地区之一。2005 年至 2019 年，五国人口呈现出爆发性增长的趋势，其中吉尔吉斯斯坦的人口总量从 2005 年的 474 万人，增长至 2019 年的 678 万人；哈萨克斯坦的人口总量从 2005 年的 1504. 21 万人，增长至 2019 年的 1869. 61 万人；乌兹别克斯坦的人口总量从 2005 年的 2012. 76 万人，增长至 2019 年的 3337. 58 万人；塔吉克斯坦的人口总量从 2005 年的 540 万人，增长至 2019 年的 928 万人；土库曼斯坦的人口总量从 2005 年的 450. 1 万人，增长至 2019 年的 562 万人。①

2. 经济快速发展，但波动性较强

2005—2019 年，中亚五国 GDP 的平均增速为 19. 04%，远超全球平均水平（1. 85%），属于"发展前景良好的地区"，其中哈萨克斯坦 GDP 平均增速为 15. 7%，该国 GDP 从 2005 年的 571. 23 亿美元增长至 2019 年的 1918. 74 亿美元；乌兹别克斯坦 GDP 平均增速为 17. 79%，该国 GDP 从 2005 年的 143. 07 亿美元增长至 2019 年的 524. 99 亿美元；土库曼斯坦 GDP

---

① 国际货币基金组织. 世界主要国家经济指标数据［DB/OL］.［2020 – 04 – 03］. http：// www. imf. org/en/Publications/SPROLLS/world—economic—outlook—databases # sort ＝% 40imfdate% 20descending.

平均增速为29.19%，该国GDP从2005年的24.60亿美元增长至2019年的84.82亿美元；塔吉克斯坦GDP平均增速为16.07%，该国GDP从2005年的23.12亿美元增长至2019年的78.88亿美元；吉尔吉斯斯坦GDP平均增速为16.32%，该国GDP从2005年的24.60亿美元增长至2019年的84.82亿美元。中亚五国属于"资源导向型"经济体，采矿业为五国的支柱产业。因此，五国GDP的增长趋势易受国际金融资本影响，存在较强的波动性：当国际金融资本对大宗商品采取做多操作时，大宗商品价格将处于一个上涨周期，五国GDP也随之进入一个增长周期；当国际金融资本对大宗商品采取做空操作时，大宗商品价格将进入下跌周期，五国也会面临严重的经济衰退。

2005—2019年，哈萨克斯坦人均可支配收入的平均增速为7.8%，该国人均可支配收入从2005年的4268美元快速增长至2019年的9268美元；塔吉克斯坦人均可支配收入的平均增速为9.3%，该国人均可支配收入从2005年的1533美元快速增长至2019年的3682美元；吉尔吉斯斯坦人均可支配收入的平均增速为6.1%，该国人均可支配收入从2005年的2111美元增长至2019年的4035美元；土库曼斯坦人均可支配收入的平均增速为1.2%，该国人均可支配收入从2005年的5876美元增长至2019年的6539美元；乌兹别克斯坦人均可支配收入平均增速为10.3%，该国人均可支配收入从2005年的3420美元增长至2019年的8756美元。与GDP总量的走势相似，大宗商品价格也会影响五国人均可支配收入：当大宗商品价格处于上涨周期时，五国人均可支配收入涨势明显；当大宗商品价格处于下跌周期时，五国人均可支配收入则会进入下降通道。

3. 中国与中亚五国产业结构互补性强，双边贸易结构稳中有变

中亚五国工业基础薄弱，工业制成品依赖对外进口，而中国作为世界头号制造业大国，能够为中亚五国提供大量的工业制成品。中亚五国对华工业制成品需求旺盛，工业制成品在对华进口中的份额不低于70%。值得注意的是，中国积极推进产业升级与改造，中亚五国对华工业制成品的进

口结构呈现出稳中有变的趋势：2005 年至 2014 年，低附加值工业制成品的进口份额高于高附加值工业制成品的进口份额，低附加值工业制成品的进口份额均在 41.27% 以上，而高附加值工业制成品的进口份额均低于 33.03%；2014 年至 2019 年，低附加值工业制成品的进口份额逐年降低，高附加值工业制成品的进口份额逐年上升，其中低附加值工业制成品的进口比重从 2014 年的 41.27% 下降至 2019 年的 30.2%，而高附加值工业制成品的进口比重从 2014 年的 30.3% 提升至 2019 年的 40.8%。

中亚五国拥有丰富的自然资源，这一优势使得中亚五国在初级产品出口具有明显的相对比较优势。因此，农产品与矿产品为中亚五国对华出口的主要产品，两类产品对华出口比重均维持在 85% 以上。然而，两类产品所占出口份额的比重却呈现出相反的发展方向：农产品的出口份额从 2005 年的 31.7% 下降至 2019 年的 20.9%，而矿产品的出口份额则从 2005 年的 53.3% 提升至 64.1%。

综上所述，笔者提出如下假设：

其一，中亚五国青壮年人口总量会对其中文学习人口产生正向吸附作用。快速膨胀的人口总量以及年轻化的人口结构，可为中文在中亚五国的传播提供稳定可靠的"人口红利"。

其二，中亚五国的 GDP 与人均可支配收入会对其中文学习人口产生负向吸附作用。采矿业为中亚五国的支柱产业。这种产业格局使五国 GDP 与人均可支配收入的增长趋势易受国际金融资本的影响，存在较强的波动性。因此，GDP 与人均可支配收入难以为中文在中亚五国的传播提供稳定可靠的经济动力。

其三，从进口贸易的角度来看，工业制成品进口会对中亚五国中文学习人口产生显著的正向吸附作用。提出这一假设的理由是：中亚五国工业基础较为薄弱，五国消费的工业制成品主要依赖对外进口；在制造业领域，中国优势相对明显。因此，对华工业制成品进口贸易会对五国中文学习人口存在正向吸附作用。

其四，从出口贸易的角度来看，初级产品出口会对中亚五国中文学习人口产生显著的正向吸附作用。提出这一假设的理由是：与中国相比，中亚五国在自然资源领域具备优势。因此，对华初级产品出口会对五国中文学习人口存在正向吸附作用。

（二）实验设计

1. 计量模型

以中亚五国参加 HSK 的考生人数为被解释变量（NCL_{CA}）；以中亚五国青壮年人口总量（POP_{CA}）、GDP 总量（GDP_{CA}）以及人均可支配收入（Per_I_{CA}）为控制变量；以中亚五国对华农产品出口总额（FE_{CA}）、矿产品出口总额（ME_{CA}）、低附加工业制成品出口总额（LME_{CA}）以及高附加值工业制成品出口总额（HME_{CA}）为解释变量，构建"中国—中亚"出口吸附方程：

$$\ln NCL_{CA} = a_1 \ln POP_{CA} + a_2 \ln GDP_{CA} + a_3 \ln Per\_I_{CA} + a_4 \ln FE_{CA} + a_5 \ln ME_{CA} +$$
$$a_6 \ln LME_{CA} + a_7 \ln HME_{CA} + \mu_0 \tag{21}$$

以中亚五国参加 HSK 的考生人数为被解释变量（NCL_{CA}）；以中亚五国青壮年人口总量（POP_{CA}）、GDP 总量（GDP_{CA}）以及人均可支配收入（Per_I_{CA}）为控制变量；以中亚五国对华农产品进口总额（FI_{CA}）、矿产品进口总额（MI_{CA}）、低附加工业制成品进口总额（LMI_{CA}）以及高附加值工业制成品进口总额（HMI_{CA}）为解释变量，构建"中国—中亚"进口吸附方程：

$$\ln NCL_{CA} = a_1 \ln POP_{CA} + a_2 \ln GDP_{CA} + a_3 \ln Per\_I_{CA} + a_4 \ln FI_{CA} + a_5 \ln MI_{CA} +$$
$$a_6 \ln LMI_{CA} + a_7 \ln HMI_{CA} + \mu_0 \tag{22}$$

2. 数据来源

数据时间跨度为 2005 年至 2019 年，其中语言变量为中亚五国历年参加 HSK 的考生人数（NCL_{CA}），上述数据由汉考国际教育科技（北京）有限公司提供。经济变量通过网络爬虫获得，以"国别字段"为搜索条件，抓取目标网站的经济数据。随后参考联合国经济和社会事务部发布的《国际贸易标准分类（修订 4）》以及《高技术产业（制造业）分类标准（2017）》实现贸易结构的分类。语言变量与经济变量的描述性统计结果见表 2 - 2。

表 2 - 2　描述性统计结果

变量名	变量类型（单位）	均值	标准差
NCL（中文学习人口）	语言变量（人）	1121	1822
POP（青壮年人口总量）	经济变量（百万人）	130.84	94.28
GDP（国民经济总量）	经济变量（亿美元）	4974.56	6200.49
Per_I（人均可支配收入）	经济变量（美元）	9275.72	7991.44
FE（对华农产品出口）	经济变量（亿美元）	1.00	2.52
FI（对华农产品进口）	经济变量（亿美元）	0.65	0.98
ME（对华矿产品出口）	经济变量（亿美元）	22.95	60.37
MI（对华矿产品进口）	经济变量（亿美元）	0.68	0.92
LME（对华低附加值工业制成品出口）	经济变量（亿美元）	2.75	8.67
LMI（对华低附加值工业制成品进口）	经济变量（亿美元）	12.16	10.63
HME（对华高附加值工业制成品出口）	经济变量（亿美元）	0	0
HMI（对华高附加工业制成品进口）	经济变量（亿美元）	14.41	13.49

（三）数据分析

使用 R 语言（R Studio 3.4.3 版本）进行统计建模，选择普通最小二乘法（Ordinary Least Square，简称 OLS 算法）、完全修正最小二乘法（Full Modification Ordinary Least Square，简称 FMOLS 算法）以及动态最小二乘法（Dynamic Ordinary Least Square，简称 DOLS 算法）进行计量建模。经典的 OLS 算法通过"最小化残差"来确定因变量和自变量之间的函数映射关系。然而，在处理小样本数据时，OLS 算法无法很好处理因自变量随机扰动而导致的内生性，从而降低模型的可解释性。[①] 为解决这一问题，数学家派生出 DOLS 与 FMOLS 两种算法，前者直接通过线性协整平滑（Linear Cointegration Smoothing）降低变量的内生性，而后者首先对数据进行单位根检验，然后再对数据进行线性协整平滑[②]。最优模型的确定原则遵循如下原则：（1）

---

① PEDRONI P. Purchasing power parity tests in cointegrated panels [J]. The Review of economics and statistics, 2001, 83（1）：10 - 19.

② PEDRONI P. Fully modified OLS for heterogeneous cointegrated panels [J]. Department of economics working papers, 2000, 15（1）：93 - 130.

以调整 R^2 为衡量模型拟合度的参量，最优模型的调整 R^2 不应低于 0.70；（2）在不违反原则（1）的前提下以调整 R^2 最高的模型为最优模型。①

1. 出口吸附方程

表 2-3 为出口吸附方程的回归结果。首先讨论控制变量对中文学习人口的吸附作用。回归结果表明，POP（0.36/39.31/0.33）在 $p < 0.05$ 的水平下存在显著的正效应，而 GDP 与 Per Income 均未通过显著性检验。从控制变量的角度来看，只有 POP 对中文学习人口存在显著的正向吸附作用。接下来讨论解释变量。HME 与 LME 均未通过显著性检验。FE（-3.23/-0.09/-3.21）在 $p < 0.05$ 的水平下存在显著的负效应，而 ME（2.95/0.04/3.43）在 $p < 0.05$ 的水平下存在显著的正效应。从解释变量的角度来看，FE 对中文学习人口存在负向吸附作用，而 ME 对中文学习人口存在正向吸附作用（见表 2-3）。

表 2-3 出口吸附方程的回归结果

回归系数	算法		
	OLS	DOLS	FOLS
Intercept	-22.81***	1.46***	-18.91***
POP_{CA}	0.36*	39.31*	0.33*
GDP_{CA}	-1.51	1.00	-1.68
Per_I_{CA}	0.05	-6.19	2.87
FE_{CA}	-3.23*	-0.09*	-3.21*
ME_{CA}	2.95*	0.04*	3.43*
LME_{CA}	0.01	0.03	0.00
HME_{ij}	0.00	0.00	0.00
调整 R^2	0.89	0.56	0.90
样本数	75（15×5）	75（15×5）	75（15×5）

以调整 R^2 为最优模型的选定参量，发现 FOLS 模型的调整 R^2 为 0.90，

① PEDRONI P. Purchasing power parity tests in cointegrated panels [J]. The Review of economics and statistics, 2001, 83 (1): 10-19.

这一拟合水平显著高于 OLS 与 DOLS 两种算法。以 FOLS 为最优模型，将出口吸附方程表述为：

$$\ln NCL = -18.91 + 0.33 \ln POP_{CA} - 3.21 \ln FE_{CA} + 3.43 \ln ME_{CA} \quad (23)$$

该模型的经济学含义是：中亚五国每增加一个标准单位青壮年人口会使本国中文学习人口增加 33%，每增加一个标准单位的对华农产品出口会使本国中文学习人口减少 321%，每增加一个标准单位的对华矿产品出口就会使该国中文学习人口增加 343%。

2. 进口吸附方程

表 2-4 为进口吸附方程的回归结果。首先讨论控制变量对中文学习人口的吸附作用。回归结果表明只有 POP（3.08/0.44/3.07）在 $p < 0.05$ 的水平下存在显著的正效应，而 GDP 与 Per Income 均未通过显著性检验（见表 2-4）。从控制变量的角度来看，只有 POP 对汉语学习人口存在显著的正向吸附作用。

表 2-4　进口吸附方程的回归结果

回归系数	算法		
	OLS	DOLS	FOLS
Intercept	14.78***	-1.61***	15.13***
POP_{ij}	3.08*	0.44*	3.07*
GDP_{ij}	1.94	0.01	1.93
Per_I_{ij}	-1.43	0.16	-1.46
FI_{zj}	0.00	0.00	0.00
MI_{ij}	0.00	0.00	0.00
LMI_{ij}	-2.20*	-0.08*	-2.22*
HMI_{ij}	3.07*	0.10*	3.09*
调整 R^2	0.61	0.57	0.77
样本数	75（15×5）	75（15×5）	75（15×5）

注：***表示显著性水平 $p < 0.000$，**表示显著性水平 $p < 0.001$，*表示显著性水平 $p < 0.05$。

接下来讨论解释变量对中文学习人口的吸附作用。*FI* 与 *MI* 均未通过显著性检验，两者对中文学习人口不存在吸附效应。与之相比，*LMI* 与 *HMI* 对中文学习人口存在显著的吸附效应，其中 *LME* 在 $p < 0.05$ 的水平下存在显著的负效应（$-2.20/-0.08/-2.22$），而 *HMI* 在 $p < 0.05$ 的水平下存在显著的正效应（$3.07/0.10/3.09$）（见表 1 - 5）。以调整 R^2 为最优模型的选定参量，发现 *FOLS* 模型的调整 R^2 为 0.77，拟合水平显著 *OLS* 与 *DOLS*，以 *FOLS* 为最优算法，可将进口吸附方程表述为：

$$\ln NCL = 15.13 + 3.07 \ln POP_{CA} - 2.22 \ln LMI_{CA} + 3.09 \ln HMI_{CA} \qquad (24)$$

该模型的经济学含义是：中亚五国每增加一个标准单位青壮年人口会使本国中文学习人口增加 307%，每增加一个标准单位的对华高附加值工业制成品进口会使本国中文学习人口增加 309%，每增加一个标准单位的对华低附加值工业制成品进口会使本国中文学习人口减少 222%。

（四）结果讨论

1. 控制变量对中文学习人口的吸附作用

经济学家倾向于选择人口总量、GDP 总量以及人均可支配收入作为控制变量，检验货物贸易与中文国际传播之间的相关性。相关研究表明，上述三种控制变量均会影响到一国的中文国际传播水平，其中人口规模直接与该国中文教学市场的潜在规模相关，而 GDP 总量与人均可支配收入分别从"经济总量"与"经济分量"的维度，决定一国中文教学市场的盈利空间。

然而，因研究样本的差异，前人研究存在"人口决定论"与"经济决定论"两种观点。支持"人口决定论"的学者认为，中文输入国的人口总量会对中文国际传播产生决定性影响，面向人口大国推广中文，能够有效增加全球范围内的中文学习人口，从而促进中文在全球范围内的快速传播。[1][2] 支持"经济决定论"的学者认为，国家经济发展水平将直接决定其

---

① 连大祥. 孔子学院对中国出口贸易及对外直接投资的影响［J］. 中国人民大学学报，2012，26（1）：88 - 98.

② 于林娟，黄佛君，努尔比亚·阿布都克尤木."一带一路"沿线国家孔子学院的空间分布特征及影响因素分析［J］. 中国经贸导刊（中），2019（10）：151 - 153.

教育发展水平，面向发达国家推广中文，能够有效拉动当地中文教育产业的快速发展。①②

实验结果表明，相比 GDP 总量与人均可支配收入，中亚五国的青壮年人口总量会对中文学习人口产生正向吸附作用，这一结论支持"人口决定论"。中亚五国人口增长率较高，人口出生率均在30‰以上，人口平均自然增长率在25‰左右，五国人口年龄的平均中位数为28.5岁。语言国际传播归根结底在于个体对语言的学习与使用。相比老龄化人口，非老龄化人口是中文国际传播的核心受众。中亚五国拥有庞大的青壮年人口总量，这一人口红利可为中文在当地快速传播奠定坚实的人口基础。体现在计量模型上，便是青壮年人口总量对五国的中文学习人口存在正向吸附作用。

与此同时，GDP 总量与人均可支配收入难以为中文在当地传播提供稳定、可靠的经济动力。中亚五国均为典型的"资源依赖型"国家，采矿业为上述国家的支柱产业，采矿业对中亚五国 GDP 总量以及人均可支配收入的贡献率均维持在53.2%以上。③ 以采矿业为主的产业结构导致中亚五国的财富积累进程易受国际金融资本影响：当国际金融资本对矿产品采取做空操作时，往往会导致其价格暴跌，中亚五国则会出现明显的经济衰退；当金融资本对矿产品采取做多操作时，五国经济则会进入增长周期。由此可见，GDP 总量与人均可支配收入难以为中文在中亚五国的传播提供稳定且可靠的经济动力。

2. 对华进口结构对中文学习人口的吸附效应

实验结果支持假设二，对华工业制成品进口会对中文学习人口产生显著的正向吸附效应。对于这一现象，可能的解释如下：作为世界上体量最大的工业国，中国在制造业领域具备明显的相对比较优势。而中亚五国工

① 安亚伦，于晓宇，曾燕萍. 语言文化推广机构对文化产品贸易的影响——以孔子学院为例 [J]. 国际经济合作，2016（12）：81–86.
② 李青，韩永辉. "一带一路"区域贸易治理的文化功用：孔子学院证据 [J]. 改革，2016，12：95–105.
③ 廖佳. "丝绸之路经济带"倡议下中国与中亚伙伴国贸易关系的重构 [J]. 商场现代化，2019（24）：67–68.

业基础薄弱，本国消费的工业制成品需大量依赖进口。因此，工业制成品是中亚五国对华进口的主要商品。对华工业制成品进口会对中文学习人口产生显著的吸附效应。

虽然对华工业制成品进口会对中文学习人口产生吸附效应，但因产品附加值差异，这种吸附效应出现了分化：低附加值工业制成品表现为负向吸附作用，而高附加值工业制成品却体现为正向吸附作用。根据交易成本理论，盈利空间与贸易成本会影响外语人才在不同贸易部门的分配份额。① 相比低附加值工业制成品，与高附加值工业制成品有关的进口贸易利润丰厚，在理性条件下，中文人才会优先向这一领域聚集。高收益也伴随着高风险，高附加值工业制成品技术含量高，围绕这一领域的进口贸易风险较大，为保证交易质量，相关企业也会对中文人才存在旺盛的需求。体现在计量模型层面，便是五国中文人才会优先流向高附加值工业制成品进口贸易。

3. 出口结构对中文学习人口的吸附效应

中亚五国自然资源丰富，其中哈萨克斯坦探明石油储量48亿吨，煤探明储量为1624亿吨，铬铁矿探明储量有2亿吨；② 吉尔吉斯斯坦有色金属储量可观，该国拥有化学元素周期表上大多数元素，其中黄金可探明储量为3000吨，黄金开采业占该国采矿业产值的85%；③ 乌兹别克斯坦黄金探明储量3350吨，石油探明储量为1亿吨，凝析油探明储量为1.9亿吨，天然气探明储量为1.1万亿立方米，煤储量为18.3亿吨，铀储量为18.58万吨，铜、钨等矿藏也较为丰富；④ 塔吉克斯坦以有色金属矿产为主，其中金矿探明储量在800吨以上，银矿多与铅、锌伴生，探明储量不低于15万

① 宁继鸣. 从交易成本角度看语言国际推广对全球化经济合作的影响 [J]. 山东大学学报（哲学社会科学版），2008（3）：141-148.
② 廖佳. "丝绸之路经济带"倡议下中国与中亚伙伴国贸易关系的重构 [J]. 商场现代化，2019（24）：67-68.
③ 陈超，金玺. 吉尔吉斯斯坦矿业及其投资环境 [J]. 世界有色金属，2012（3）：64-66.
④ 何子鑫，张丹丹，曹积飞，等. 乌兹别克斯坦矿产资源现状与投资环境分析 [J]. 中国矿业，2020，29（2）：26-31.

吨。① 丰富的矿产资源，决定了矿产品在中亚五国出口结构中占有重要地位。实验结果支持假设三，对华矿产品出口会对中亚五国的中文学习人口产生显著的正向吸附作用，即每增加一个标准单位的矿产品出口总额会使本国中文学习人口增加12%。

此外，农产品出口会对中文学习人口产生负向吸附作用。对于这一结果，可能的解释如下：中亚五国并未在农产品层面形成明显的相对比较优势。中亚农业以种植业和畜牧业为主，其中种植业主要以粮食（小麦和水稻）、油料以及棉花为主，而畜牧业主要以羊、牛、马的饲养为主。② 然而，对于上述农产品，中国对中亚五国的市场依赖相对有限。根据中华人民共和国农业农村部的数据，自2000年以来，中国小麦与水稻的自给率均在95%以上；中国肉类自给率均在70%以上，剩余消费份额主要来自美国、澳大利亚、巴西、阿根廷以及俄罗斯五国。换言之，中国对中亚五国农产品需求相对有限。因此，农产品出口对五国中文学习人口存在负向吸附作用。

（五）小结

基于出口吸附方程以及进口吸附方程，本小节研究了中亚五国对华贸易结构对中文学习人口的吸附效应，实验结果表明：青壮年人口总量会对中文学习人口产生正向吸附效应；对华低附加值工业制成品进口会对中文学习人口产生负向吸附作用，而高附加值工业制成品进口会对中文学习人口产生正向吸附作用；对华农产品出口对中文学习人口存在负向吸附作用，而对华矿产品出口则对中文学习人口存在正向吸附效应。

四、"中国—东南亚"贸易结构对中文学习人口的吸附作用

（一）研究背景

东南亚是经济发展前景较好的地区之一。东南亚地处亚洲、非洲以及大洋洲三洲交会之处，西接印度洋，东临太平洋，其地缘战略价值不可估

---

① 刘仲芸，陈小辉.陕西省与中亚五国的经济发展阶段、贸易特征与模式研究［J］.商业经济，2019（11）：79－81.

② 廖佳."丝绸之路经济带"倡议下中国与中亚伙伴国贸易关系的重构［J］.商场现代化，2019（24）：67－68.

量。本小节将分别从人口总量、GDP 总量、人均可支配收入以及对华贸易结构四个维度出发，对东南亚八国的经济发展情况进行简要概述。

1. 劳动人口快速增长，城市化水平差异明显

根据 IMF 的数据，2005 年至 2019 年，东南亚八国的人口平均出生率为 18.49‰。如果考虑劳动人口的年增长率，东南亚八国是世界上劳动人口增速最快的地区之一。2005 年至 2019 年，印度尼西亚劳动人口的年平均增长率为 201‰，该国劳动人口从 2005 年的 1.4 亿增长至 2019 年的 1.8 亿；泰国劳动人口的年平均增长率为 17.54‰，该国劳动人口从 2005 年的 4641 万增长至 2019 年的 4930 万；缅甸劳动人口的年平均增长率为 30.5‰，该国劳动人口从 2005 年的 3141 万增长至 2019 年的 3643 万；马来西亚劳动人口的年平均增长率为 31.2‰，该国劳动人口从 2005 年的 1673 万增长至 2019 年的 2185 万；老挝劳动人口的年平均增长率为 7.5‰，该国劳动人口从 2005 年的 322 万增长至 2019 年的 477 万；柬埔寨劳动人口的年平均增长率为 15.4‰，该国劳动人口从 2005 年的 790 万增长至 2019 年的 1043 万；菲律宾劳动人口的年平均增长率为 102‰，该国劳动人口从 2005 年的 5132 万增长至 2019 年的 6816 万。

东南亚八国城市化水平差异明显。截至 2019 年，马来西亚、印度尼西亚以及菲律宾三国城市人口占全国人口的比重均在 50% 以上，其中马来西亚城市化水平最高，其城市人口占全国人口的比重从 2005 年的 65.7% 升至 2019 年的 76.01%；菲律宾次之，其城市人口占全国人口的比重从 2005 年的 50.9% 升至 2019 年的 71.9%；印度尼西亚城市人口占全国人口的比重从 2005 年的 50.3% 升至 2019 年的 67.01%。泰国、越南、缅甸、老挝以及柬埔寨，城市化水平相对滞后，上述国家的城市人口占比均低于 50%，其中泰国城市人口占全国人口的比重从 2005 年的 34.6% 上升至 2019 年的 45.2%；越南城市人口全国人口的比重从 2005 年的 27.3% 上升至 2019 年的 39.7%；缅甸城市人口全国人口的比重从 2005 年的 30.6% 上升至 2019 年的 33.9%；老挝城市人口全国人口的比重从 2005 年的 21% 上升至 2019 年的 29.3%；柬埔寨城市人口全国人口的比重从 2005 年的 19.7% 上升至 2019 年的 22.8%。

2. 经济快速增长，人均收入稳步提高

2005 年至 2019 年，东南亚八国 GDP 的平均增长速度为 11.2%，远超发展中国家的平均增长速度（7.85%），其中马来西亚 GDP 平均增速为 7.8%，该国 GDP 从 2005 年的 1435.34 亿美元增长至 2019 年的 3585.83 亿美元；印度尼西亚 GDP 平均增速为 11.09%，该国 GDP 从 2005 年的 2858.69 亿美元增长至 2019 年的 10600 亿美元；越南 GDP 平均增速为 11.9%，该国 GDP 从 2005 年的 576.33 亿美元增长至 2019 年的 2237.9 亿美元；泰国 GDP 平均增速为 7.5%，该国 GDP 从 2005 年的 1893.18 亿美元增长至 2019 年的 5049.94 亿美元；缅甸 GDP 平均增速为 15.2%，该国 GDP 从 2005 年的 119.87 亿美元增长至 2019 年的 712.16 亿美元；菲律宾 GDP 平均增速为 9.6%，该国 GDP 从 2005 年的 1030.72 亿美元增长至 2019 年的 3309.2 亿美元；老挝 GDP 平均增速为 15.8%，该国 GDP 从 2005 年的 27.36 亿美元增长至 2019 年的 168.53 亿美元；柬埔寨 GDP 平均增速为 11.1%，该国 GDP 从 2005 年的 62.93 亿美元增长至 2019 年的 245.43 亿美元。

从人均可支配收入的角度来看，东南亚八国人均可支配收入的平均增长速度为 6.4%，这一数值也远超发展中国家的平均增速（2.1%），其中马来西亚人均可支配收入平均增速为 4.9%，该国人均可支配收入从 2005 年的 16531 美元增长至 2019 年的 33540 美元；印度尼西亚人均可支配收入平均增速为 6%，该国人均可支配收入从 2005 年的 6091 美元增长至 2019 年的 13879 美元；越南人均可支配收入平均增速为 7.01%，该国人均可支配收入从 2005 年的 3051 美元增长至 2019 年的 8037 美元；泰国人均可支配收入平均增速为 4.9%，该国人均可支配收入从 2005 年的 10270 美元增长至 2019 年的 19051 美元；缅甸人均可支配收入平均增速为 9.5%，该国人均可支配收入从 2005 年的 2007 美元增长至 2019 年的 7176 美元；菲律宾人均可支配收入平均增速为 5%，该国人均可支配收入从 2005 年的 4255 美元增长至 2019 年的 9562 美元；老挝人均可支配收入平均增速为 7%，该国人均可支配收入从 2005 年的 2776 美元增长至 2019 年的 7936 美元；柬埔寨人均可支配收入平均增速为 7.2%，该国人均可支配收入从 2005 年的 1754 美元增长至 2019 年的 4701 美元。

3. 双边贸易结构互补性愈发显著

从进口结构的角度来看，工业制成品是东南亚八国对华进口的主要产品，其中低附加值工业制成品的进口比重呈现出逐年下降的趋势，2005 年低附加值工业制成品进口比重高达 64.7%，而到了 2019 年此类产品的比重则被压缩至 29.1%。高附加值工业制成品的进口比重呈现出逐年上升的趋势，2005 年此类商品的进口比重仅占进口总额的 23.5%，而到了 2019 年其进口份额则被扩大至 57.8%。2010 年为东南亚八国对华进口结构的"分水岭"：2010 年之前，低附加值工业制成品的进口比重高于高附加值工业制成品；2010 年之后，东盟对中国高附加值工业制成品的消费需求日益迫切，此类商品的进口比重高于低附加值工业制成品。

从出口贸易的角度来看，农产品、矿产品以及低附加值工业制成品是东南亚八国对华出口的主要产品，其中农产品出口占比相对稳定，2005 年至 2019 年，农产品的对华出口份额均维持在 20% 左右。矿产品的出口份额则与中国冶炼工业的技术水平密切相关，2005 年至 2009 年，中国尚未完成冶炼工业的技术升级，此时不具备矿产品的精细冶炼能力，这一阶段矿产品的平均出口份额为 41.2%；2010 年至今，中国完成冶炼工业的技术升级，此时矿产品的出口份额则被压缩至 30% 左右。低附加值工业制成品的出口份额则处于增长态势，2005 年此类商品的出口份额为 22.4%，而到了 2019 年这一比重则上升至 43.5%。

对此，IMF 首席经济学家肯尼斯·罗格夫（Kenneth Rogoff）认为：2003 年至 2009 年，中国正处于产业升级阶段，此时双边产业结构存在较强的相似性，双方产业结构存在一定程度的重叠，贸易摩擦频频发生；2010 年至今，中国通过产业升级，成功进入"高端制造业俱乐部"，中国在高端制造业领域的优势愈发突显，与此同时，中国快速进入老龄化社会，低端制造业的比较优势逐渐削弱。在这样一个时代背景下，双方产业结构、贸易结构的互补性会愈发显著，这将为双方在经贸领域的合作带来无限的可能。

综上，提出如下假设：

其一，庞大的青壮年人口总量会对东南亚八国的中文学习人口产生正向吸附效应。东南亚八国拥有庞大的青壮年人口总量，这一客观因素有利于促进中文在这一地区的传播。

其二，GDP 与人均可支配收入会对东南亚八国的中文学习人口产生正向吸附效应。东南亚八国 GDP 总量与人均可支配收入均呈现出稳步增长的态势。因此，GDP 总量与人均可支配收入可为中文在当地的传播提供稳定可靠的经济动力。

其三，从进口结构的角度来看，高附加值工业制成品进口会对中文学习人口产生正向吸附作用。提出这一假设的理由是：与东南亚八国相比，中国已具备资本、技术的比较优势，而东南亚八国对高附加值工业制成品需求旺盛。为实现这一贸易诉求，在进口贸易领域，中文人才会优先流向高附加值工业制成品进口贸易。

其四，从出口结构的角度来看，矿产品、低附加值工业制成品出口会对中文学习人口产生正向吸附作用。提出这一假设的理由是：东南亚八国在自然资源以及廉价劳动力维度具备比较优势，上述两种生产要素分别对应矿产品与低附加值工业制成品。因此，在出口贸易领域，中文人才会优先流向矿产品与低附加值工业制成品出口贸易。

（二）实验设计

1. 计量模型

以东南亚八国 HSK 的考生人数为被解释变量（NCL_{EA}）；以东南亚八国的人口总量（POP_{EA}）、GDP 总量（GDP_{EA}）以及人均可支配收入（Per_I_{EA}）为控制变量；以东南亚八国对华农产品出口总额（FE_{EA}）、对华矿产品出口总额（ME_{EA}）、对华低附加值工业制成品出口总额（LME_{EA}）、对华高附加值工业制成品出口总额（HME_{EA}）为解释变量，构建出口吸附方程：

$$\ln NCL_{EA} = a_1 \ln POP_{EA} + a_2 \ln GDP_{EA} + a_3 \ln Per\_I_{EA} + a_4 \ln FE_{EA} + a_5 \ln ME_{EA} + a_6 \ln LME_{EA} + a_7 \ln HME_{EA} + \mu_0 \tag{25}$$

以东南亚八国参加 HSK 的考生人数为被解释变量（NCL_{EA}）；以东南亚八国的人口总量（POP_{EA}）、GDP 总量（GDP_{EA}）以及人均可支配收入（Per_I_{EA}）为控制变量；以东南亚八国对华农产品进口总额（FI_{EA}）、对华矿产品进口总额（MI_{EA}）、对华低附加值工业制成品进口总额（LMI_{EA}）、对华高附加值工业制成品进口总额（HMI_{EA}）为解释变量，构建进口吸附方程：

$$\ln NCL_{EA} = a_1 \ln POP_{EA} + a_2 \ln GDP_{EA} + a_3 \ln Per\_I_{EA} + a_4 \ln FI_{EA} + a_5 \ln MI_{EA} +$$
$$a_6 \ln LMI_{EA} + a_7 \ln HMI_{EA} + \mu_0 \tag{26}$$

2. 数据来源

数据时间跨度为 2005 年至 2019 年，其中语言变量为东南亚八国历年参加中国汉语水平考试的考生人数（NCL_{EA}），上述数据由汉考国际教育科技（北京）有限公司提供。经济变量通过网络爬虫获得，以"国别字段"为搜索条件，抓取目标网站的经济数据。语言变量与经济变量的描述性统计结果见表 2-5。

表 2-5　描述性统计结果

变量名	变量类型（单位）	均值	标准差	最大值	最小值
NCL（中文学习人口）	语言变量（人）	5322	8946	53624	0
POP（人口总量）	经济变量（百万人）	75.64	72.87	270.68	5.75
GDP（国民经济总量）	经济变量（亿美元）	4663.52	16127.8	106000	27.36
Per_I（人均可支配收入）	经济变量（美元）	2031.98	3098.84	5540	1754
TE（对华出口）	经济变量（亿美元）	129.53	119.44	484.62	0.26
TI（对华进口）	经济变量（亿美元）	186.69	179.21	754.52	1.03
FE（对华农产品出口）	经济变量（亿美元）	23.92	22.54	135.5	0.1
ME（对华矿产品出口）	经济变量（亿美元）	28.36	38.15	294.71	0.11
LME（对华低附加值工业制成品出口）	经济变量（亿美元）	66.67	70.79	272.76	0.01
HME（对华高附加值工业制成品出口）	经济变量（亿美元）	2.04	13.15	15.8	0
FI（对华农产品进口）	经济变量（亿美元）	13.42	17.94	83	0.01
MI（对华矿产品进口）	经济变量（亿美元）	9.12	19.81	118.05	0
LMI（对华低附加值工业制成品进口）	经济变量（亿美元）	73.17	72.46	301.81	0.55
HMI（对华高附加工业制成品进口）	经济变量（亿美元）	101.29	102.98	600.7	0.42

（三）回归结果分析

1. 出口吸附方程

表 2 - 6 为出口吸附方程的回归结果。首先讨论控制变量对中文学习人口的吸附作用。POP、GDP 以及 $Per\ Income$ 均在 $p < 0.000$ 的水平下存在显著的正效应（见表 2 - 6）。从控制变量的系数正负来看，POP、GDP 以及 $Per\ Income$ 均对中文学习人口存在正向吸附作用。

表 2 - 6 出口吸附方程的回归结果

回归系数	算法		
	OLS	DOLS	FOLS
$Intercept$	7.94^{***}	0.20^{**}	4.39^{***}
POP_{ij}	0.58^{***}	0.06^{***}	0.32^{**}
GDP_{ij}	0.42^{***}	0.08^{***}	0.01^{***}
Per_I_{ij}	0.63^{***}	0.67^{***}	0.09^{***}
FE_{ij}	-0.40^{*}	-0.08^{*}	-0.11^{*}
ME_{ij}	0.31^{*}	0.07^{*}	0.30^{*}
LME_{ij}	0.99^{***}	0.43^{***}	0.53^{***}
HME_{ij}	0.01	0.00	0.01
调整 R^2	0.89	0.85	0.94
样本数	$120\ (15 \times 8)$	$120\ (15 \times 8)$	$120\ (15 \times 8)$

接下来讨论解释变量对中文学习人口的吸附作用。HME 未通过显著性检验。FE 在 $p < 0.05$ 的水平下存在显著的负效应（$-0.40/-0.08/-0.11$），ME 在 $p < 0.05$ 的水平下呈现出显著的正效应（$0.31/0.07/0.30$），LME 在 $p < 0.000$ 的水平下呈现出显著的正效应（$0.99/0.43/0.53$）。综合考虑解释变量的显著水平以及系数大小，可认为：FE 会对中文学习人口产生负向吸附作用，LME 与 ME 会对中文学习人口产生正向吸附作用（见表 2 - 6）。以调整 R^2 为最优模型的选定参量，发现三种模型中，FOLS 模型的调整 R^2 为 0.93，这一拟合水平显著高于 OLS 与 DOLS 两种算法。以 FOLS 为最优模型，将出口吸附方程表述为：

$$\ln NCL = 4.39 + 0.32\ \ln POP_{EA} + 0.01\ \ln GDP_{EA} + 0.09\ \ln Per\_I_{EA} - 0.11$$

$$\ln FE_{EA} + 0.30 \ln ME_{EA} + 0.35 \ln LME_{EA} \tag{27}$$

该模型的经济学含义是：东南亚八国每增加一个标准单位的青壮年人口，将会使本国中文学习人口增加32%，每增加一个标准单位的GDP会使本国中文学习人口增加1%，每增加一个标准单位的人均可支配收入会使本国中文学习人口增加9%，每增加一个标准单位的农产品出口会使本国中文学习人口减少11%，每增加一个标准单位的矿产品出口会使本国中文学习人口增加30%，每增加一个标准单位的低附加值工业制成品出口会使本国中文学习人口增加53%（见表2-6）。

2. 进口吸附方程

表2-7为进口吸附方程的回归结果。首先讨论控制变量对中文学习人口的吸附作用。POP、GDP以及$Per\ Income$均在$p < 0.000$的水平下存在显著的正效应（见表2-7）。考虑控制变量系数的正负大小，POP、GDP以及$Per\ Income$均对中文学习人口存在正向吸附作用。

表2-7 进口吸附方程的回归结果

回归系数	算法		
	OLS	DOLS	FOLS
$Intercept$	-2.13***	0.18*	-1.40***
POP_{ij}	0.08***	11.31***	0.64***
GDP_{ij}	0.16**	0.01***	0.33***
Per_{ij}	0.38***	1.38***	0.39***
FI_{ij}	0.00	0.00	0.00
MI_{ij}	0.00	0.00	0
LMI_{ij}	-0.28**	-0.15**	-0.13**
HMI_{ij}	1.70***	0.48**	1.47**
调整 R^2	0.75	0.69	0.81
样本数	120（15×8）	120（15×8）	120（15×8）

接下来讨论解释变量对中文学习人口的吸附作用。FI 与 MI 未通过统计检验。LMI 在 $p < 0.000$ 的水平下存在显著的负效应（$-0.28/-0.15/-0.13$），而 HMI 在 $p < 0.000$ 的水平下存在显著的正效应（$1.70/0.48/1.47$）（见表 2-7）。以调整 R^2 为最优模型的选定参量，发现三种模型中，FOLS 模型的调整 R^2 为 0.81，这一拟合水平显著高于 OLS 与 DOLS 两种算法。以 FOLS 为最优模型，将贸易方向方程进行如下表述：

$$\ln NCL = 1.4 + 0.64 \ln POP_{EA} + 0.33 \ln GDP_{EA} + 0.39 \ln Per\_I_{EA} - 0.13 \ln LMI_{EA} + 1.47 \ln HMI_{EA} \tag{28}$$

该模型的经济学含义是：东南亚八国每增加一个标准单位的青壮年人口会使本国中文学习人口增加64%，每增加一个标准单位的 GDP 会使本国中文学习人口增加33%，每增加一个标准单位的人均可支配收入会使本国中文学习人口增加39%，每增加一个标准单位的低附加值工业制成品进口会使本国中文学习人口减少13%，每增加一个标准单位的高附加值工业制成品出口会使本国中文学习人口增加147%。

（四）结果讨论

1. 控制变量对中文学习人口的吸附作用

类似中亚五国，在任何一种算法条件下，东南亚八国青壮年人口总量会对其中文学习人口产生更为明显的正向吸附效应，研究结论支持"人口决定论"。此外，结合东南亚中文国际传播事实，我们还能提供另一种解释：相比其他区域，东南亚八国陆续将中文纳入国民外语教育体系，因而青壮年人口总量会与中文学习人口总数出现同步增长的现象。

2. 进口结构对中文学习人口的吸附效应

研究结果支持假设三，对华工业制成品进口会对东南亚八国的中文学习人口产生吸附作用，其中低附加值工业制成品进口表现为负向吸附效应，而高附加值工业制成品进口表现则为正向吸附效应。

这一现象与双边贸易结构密切相关。2010 年以来，中国开始进入人口红利的消退期，在"中国—东南亚"双边贸易框架下，中国已不具备廉价劳动力的比较优势，与廉价劳动力相关的低附加值工业制成品已成为中方劣势产品。① 近年来，中国采取"政府主导、企业主体、社会融资"的策略，稳步推动制造业升级，目前已形成以高端装备制造、新材料、新能源、生物工程、5G 以及人工智能为代表的六大高端产业集群。在"中国—东南亚"双边贸易框架下，中国已具备"资金—技术"层面的相对比较优势，高附加值工业制成品已成为中方优势产品。② 基于这一客观事实，东南亚八国应制定如下进口贸易策略：压缩对华低附加值工业制成品的进口份额，扩大对华高附加值工业制成品的进口份额。为实现这一贸易诉求，东南亚八国的中文人才应集中流向对华高附加值工业制成品进口这一领域。体现在计量建模层面，便是对华高附加值工业制成品进口对东南亚八国中文学习人口存在正向吸附作用，而对华低附加值工业制成品进口对东南亚八国中文学习人口存在负向吸附作用。

3. 出口结构对中文学习人口的吸附作用

实验结果支持假设四，农产品、矿产品以及低附加值工业制成品对华出口均会对东南亚八国的中文学习人口产生吸附作用，其中农产品出口表现为负向吸附作用，而矿产品与低附加值工业制成品出口表现为正向吸附作用。下文将分别进行讨论。

随着中国经济快速发展，中国对矿产资源需求迅速增长。根据 Visual Capitalist 的数据，2018 年，中国超过美国，成为世界最大的矿产品消费国，中国对铁、铜、镍、铝、煤 5 种矿产品的消费需求，超过了世界其他国家的需求总和。上述 5 种矿产资源，东南亚八国储量巨大。为顺利实现本国矿产品对华出口，将会有一部分中文人才流向这一领域，表现在计量建模层面，便是对华矿产品出口会对东南亚八国的中文学习人口存在正向吸附作用。

低附加值工业制成品出口对中文学习人口的正向吸附作用主要与相关国家的"人口红利"有关。从人口结构的角度来看，东南亚八国人口总量

---

① 厉以宁. 关于教育产业化的几个问题 [J]. 北京成人教育，1999 (7)：6－9.
② 金灿荣. 十八大以来的中国外交理论和实践创新 [J]. 当代世界，2017 (10)：9－13.

为 6.12 亿，其中青壮年人口总量不低于 3.01 亿；从人均收入水平来看，东南亚八国人均可支配收入为 2031 美元，其中青壮年人口的人均可支配收入为 2789 美元。[①] 由此可见，东南亚八国拥有数量庞大且用工成本低廉的青壮年劳动力，这就为当地发展低端制造业奠定了坚实的劳动力基础。为顺利实现低附加值工业制成品的对华出口，大量中文人才将集中于这一领域。表现在计量建模层面，便是对华低附加值工业制成品对中文学习人口存在正向吸附作用。

最后讨论对华农产品出口对中文学习人口的负向吸附作用。这一现象不仅与农产品贸易的利润率有关，也与中方农产品的自给率有关。"从贸易利润率的角度来看，农产品贸易的平均利润率仅为 9%，这一水平远低于矿产品（32.7%）、低附加值工业制成品（67.1%）以及高附加值工业制成品（270.2%）贸易的平均利润率"[②]。从农产品自给率的角度来看，东南亚对华出口的农产品主要集中在水稻、热带水果以及水产品三大领域。对于上述领域的农产品，中国均能维持较高的自给率。因此，东南亚八国难以在农产品进口领域构成对华的相对比较优势。因而，对华农产品出口会对东南亚八国中文学习人口存在负向吸附作用。

（五）小结

基于出口吸附方程与进口吸附方程，我们系统研究了东南亚八国对华贸易结构对其中文学习人口的吸附效应，实验结果表明：从控制变量的角度来看，人口总量会对中文学习人口会产生明显的正向吸附效应；从进口结构的角度来看，低附加值工业制成品进口表现为负向吸附作用，而高附加值工业制成品进口为正向吸附作用；从出口结构的角度来看，农产品出口为负向吸附作用，而矿产品与低附加值工业制成品出口表现为正向吸附作用，其中后者的正向吸附作用强于前者。

---

① 冯颂妹，陈煜芳. "一带一路"背景下中国与东盟贸易竞争性和互补性分析［J］. 西安财经大学学报，2020，33（1）：95 – 101.

② 陈平. 代谢增长论：技术小波与文明兴衰［M］. 北京：北京大学出版社，2019.

五、"中国—韩国、日本"贸易结构对中文学习人口的吸附作用

(一) 研究背景

1. 两国人口高度集中于城市，且进入深度老龄化的阶段

韩日两国城市化水平较高。截至 2021 年，两国城市人口占全国人口的比重均在 90% 以上，其中韩国人口主要集中于首尔、釜山以及仁川三大城市，三大城市的人口总数为 4282 万人，占全国人口比重的 82%。日本人口主要集中于本州岛，其中东京、大阪、横滨、名古屋、京都以及神户六大城市口总数为 1.03 亿人，占全国人口比重的 82.47%。

此外，日韩两国均为"深度老龄化"国家。2005 年至 2019 年，韩日两国劳动人口平均增长率为负值，两国均进入劳动人口逐年萎缩的时代。2005 年至 2019 年，日本劳动人口的年平均增长率为 -0.08‰，该国劳动人口从 2005 年的 5700 万人，减少至 2019 年的 5376 万人；韩国劳动人口的年平均增长率为 -0.04‰，该国劳动人口从 2005 年的 2376 万人，减少至 2019 年的 2233 万人。[1][2]

2. 经济实力稳步增长，人均收入逐年提高

韩日两国均为发达国家。2005 年至 2019 年，两国 GDP 的平均增长速度为 3.5% (扣除 CPI 涨幅)，远超发达国家的平均增长速度 (1.2%)，其中韩国 GDP 平均增速为 5%，该国 GDP 从 2005 年的 8901 亿美元增长至 2019 年的 16200 亿美元；日本 GDP 平均增速为 2%，该国 GDP 从 2005 年的 43900 亿美元增长至 2019 年的 62000 亿美元。

从人均可支配收入 (扣除 CPI 涨幅) 的角度来看，韩日两国人均可支配收入的平均增长速度为 3%，这一数值也超过了发达国家的平均增速 (1.1%)，其中韩国人均可支配收入平均增速为 4%，该国人均可支配收入

---

① 日本厚生劳动省劳动人口数据库 [DB/OL]. [2020 - 10 - 14]. https：//www. mhlw. go. jp/toukei_ hakusho/toukei/.

② 韩国统计局大韩民国人口数据库 [DB/OL]. [2020 - 10 - 14]. http：//kostat. go. kr/portal/eng/resources/1/index. static。

从 2005 年的 8022 美元增长至 2019 年的 48392 美元；日本人均可支配收入平均增速为 2%，该国人均可支配收入从 2005 年的 61326 美元增长至 2019 年的 85594 美元。①

3. 对华贸易结构从"互补结构"转变为"协作结构"

从进口结构的角度来看，工业制成品是韩日两国对华进口的主要产品，其中低附加值工业制成品的进口比重呈现出逐年下降的趋势，2005 年低附加值工业制成品进口比重高达 47.7%，而到了 2019 年此类产品的比重则被压缩至 37.3%。高附加值工业制成品的进口比重呈现出逐年上升的趋势，2005 年此类商品的进口比重仅占进口总额的 31.3%，而到了 2019 年其进口份额则被扩大至 47.6%。2009 年为两国对华进口结构的"分水岭"：2010 年之前，低附加值工业制成品的进口比重高于高附加值工业制成品的；2010 年之后，高附加值工业制成品的进口比重开始高于低附加值工业制成品的。

从出口贸易的角度来看，高附加值工业制成品比重逐年上升，2005 年此类产品的出口份额为 31.7%，2019 年上升至 49.7%。农产品、矿产品以及低附加值工业制成品为韩日两国的劣势产品，2005 年至 2009 年，相关产品的对华出口份额处于下降趋势，其中农产品出口份额从 2005 年的 10.5%，下降至 2019 年的 3.5%；矿产品出口份额从 2005 年的 9.1%，下降至 2019 年的 1.2%；低附加值工业制成品的出口份额从 2005 年的 47.6%，下降至 2019 年的 36.3%。②

对此，IMF 首席经济学家肯尼斯·罗格夫（Kenneth Rogoff）认为，"2003 年至 2009 年，中国正处于产业升级阶段，中国在低端制造业领域，具备明显的比较优势。此时，中国与韩日两国的贸易结构表现为'互补结构'，即中国对韩日两国出口低附加值工业制成品，而中国对韩日两国进口高附加值工业制成品。2010 年至今，中国通过产业升级，开始承接高端制

---

① 国际货币基金组织. 世界主要国家经济指标数据库［DB/OL］.［2020 - 06 - 14］. https://www. imf. org/en/Data.

② 国际货币基金组织. 世界主要国家经济指标数据库［DB/OL］.［2020 - 06 - 14］. https://www. imf. org/en/Data.

造业的国际分工任务。此时，中国已具备与韩日两国在高端制造业展开产业协作的工业基础"。

基于上述情况，笔者提出如下假设：

其一，韩日两国深陷少子化泥潭，逐年萎缩的青壮年人口总量难以为中文在当地的可持续传播提供稳定可靠的人口基础。

其二，韩日两国的 GDP 与人均可支配收入会为中文在当地的可持续传播提供稳定可靠的经济基础。韩日两国均为发达国家，两国 GDP 总量与人均可支配收入均处于世界前列。庞大的 GDP 总量以及可观的人均可支配收入可为中文在当地传播提供稳定可靠的经济动力。

其三，从进口结构的角度来看，工业制成品进口会对两国中文学习人口产生正向吸附作用。随着中国稳步推进工业化，中国在制造业的相对比较优势开始显现，两国逐年扩大对华工业制成品进口份额。因此，对华工业制成品进口贸易有可能会对两国中文学习人口产生正向吸附作用。

其四，从出口结构的角度来看，高附加值工业制成品出口会对两国中文学习人数产生显著的正向激励作用。高附加值工业制成品历来为日韩两国的主要对华出口产品。因此，高附加值工业制成品对华出口会对两国中文学习人口产生正向吸附作用。

（二）实验设计

1. 计量模型

以韩日两国参加中国汉语水平考试的考生人数为被解释变量（NCL_{JK}）；以两国青壮年人口总量（POP_{JK}）、GDP 总量（GDP_{JK}）以及人均可支配收入（Per_I_{JK}）为控制变量；以韩日两国对华农产品出口总额（FE_{JK}）、对华矿产品出口总额（ME_{JK}）、对华低附加工业制成品出口总额（LME_{JK}）以及对华高附加值工业制成品出口总额（HME_{JK}）为解释变量，构建出口吸附方程：

$$\ln NCL_{JK} = a_1 \ln POP_{JK} + a_2 \ln GDP_{JK} + a_3 \ln Per\_I_{JK} + a_4 \ln FE_{JK} + a_5 \ln ME_{JK} + a_6 \ln LME_{JK} + a_7 \ln HME_{JK} + \mu_0 \tag{29}$$

以韩日两国参加 HSK 的考生人数为被解释变量（NCL_{JK}）；以两国人口总量（POP_{JK}）、GDP 总量（GDP_{JK}）以及人均可支配收入（Per_I_{JK}）为控制变量；以日、韩两国对华农产品进口总额（FI_{JK}）、对华矿产品进口总额（MI_{JK}）、对华低附加值工业制成品进口总额（LMI_{JK}）、对华高附加值工业制成品进口总额（HMI_{JK}）为解释变量，构建进口吸附方程：

$$\ln NCL_{JK} = a_1 \ln POP_{JK} + a_2 \ln GDP_{JK} + a_3 \ln Per\_I_{JK} + a_4 \ln FI_{JK} + a_5 \ln MI_{JK} + a_6 \ln LMI_{JK} + a_7 \ln HMI_{JK} + \mu_0 \tag{30}$$

2. 数据来源

数据时间跨度为 2005 年至 2019 年，其中语言变量为日韩两国历年参加 HSK 的考生人数（NCL_{JK}），上述数据由汉考国际教育科技（北京）有限公司提供。经济变量通过网络爬虫获得，以"国别字段"为搜索条件，爬取目标网站的经济数据。随后参考联合国经济和社会事务部发布的《国际贸易标准分类（修订4）》以及《高技术产业（制造业）分类标准（2017）》实现贸易结构的分类。语言变量与经济变量的描述性统计结果见表 2 - 8。

表 2 - 8 描述性统计结果

变量名	变量类型（单位）	均值	标准差	最大值	最小值
NCL（中文学习人数）	语言变量（人）	68068	10341	85594	48392
POP（人口总量）	经济变量（百万人）	117.30	45.53	171.983494	69.68
GDP（国民经济总量）	经济变量（亿美元）	31420.07	20187.46	62000	8901.37
Per_I（人均可支配收入）	经济变量（美元）	68068.13	10341.24	85594	48392
FE（对华农产品出口）	经济变量（亿美元）	30.36	15.40	68.54	4.11
ME（对华矿产品出口）	经济变量（亿美元）	12.77	10.44	33.35	0
LME（对华低附加值工业制成品出口）	经济变量（亿美元）	365.99	132.19	574.96	111.63
HME（对华高附加值工业制成品出口）	经济变量（亿美元）	578.45	212.26	888.03	153.35
FI（对华农产品进口）	经济变量（亿美元）	156.57	48.09	265.10	59.43
MI（对华矿产品进口）	经济变量（亿美元）	59.45	33.33	128.41	14.56
LMI（对华低附加值业制成品进口）	经济变量（亿美元）	604.98	146.83	885.10	289.70
HMI（对华高附加工制成品进口）	经济变量（亿美元）	627.94	220.79	984.68	204.19

(三) 回归结果分析

1. 出口吸附方程

表 2 – 9 为出口吸附方程的回归结果。首先讨论控制变量对中文学习人口的吸附作用。GDP 与 $Per\ Income$ 在 $p < 0.000$ 的水平下存在显著的正效应，其中 GDP 的系数 （0.60/0.97/0.66） 大于 $Per\ Income$ 的系数 （0.44/0.94/0.45）。与 GDP 与 $Per\ Income$ 不同，POP 在 $p < 0.000$ 的水平下存在显著的负效应 （-4.09/-19.56/-4.19）。综合考虑控制变量的显著水平以及系数大小，GDP 与 $Per\ Income$ 对中文学习人口表现为正向吸附效应，而 POP 对中文学习人口表现为负向吸附作用。

表 2 – 9　出口吸附方程的回归结果

回归系数	算法		
	OLS	DOLS	FOLS
$Intercept$	21.60 **	12.81 ****	21.61 ***
POP_{ij}	-4.09 ***	-19.56 ***	-4.19 ***
GDP_{ij}	0.60 ***	0.97 ***	0.66 ***
Per_{ij}	0.44 ***	0.94 ***	0.45 **
FE_{ij}	-0.20	0.04	-0.22
ME_{ij}	0.04	-0.09	0.04
LME_{ij}	-1.20 *	-1.00 *	-1.23 *
HME_{ij}	2.57 **	0.30 **	2.57 **
调整 R^2	0.93	0.90	0.97
样本数	30 （15×2）	30 （15×2）	30 （15×2）

接下来讨论解释变量对中文学习人口的吸附作用。FE 与 ME 未通过显著性检验。LME 在 $p < 0.05$ 的水平下呈现出显著的负效应 （-1.20/-1.00/-1.23），HME 在 $p < 0.001$ 的水平下呈现出显著的正效应 （2.57/0.30/2.57）。综合考虑解释变量的显著水平以及系数大小，可认为：HME 对中文学习人数存在显著的正向吸附作用，而 LME 对中文学习人数存在显著的负向吸附作用。以调整 R^2 为最优模型的筛选标准，发现三种模型中，

FOLS 模型的调整 R^2 为 0.97，拟合水平显著高于 OLS 与 DOLS 两种算法。以 FOLS 为最优模型，将出口激励方程表述为：

$$\ln NCL = 21.61 - 4.19 \ln POP_{JK} + 0.66 \ln GDP_{JK} + 0.45 \ln Per\_I_{JK} - 1.23 \ln LME_{JK} + 2.57 \ln HME_{JK} \tag{31}$$

该模型的经济学含义是：韩日两国每减少一个标准单位的青壮年人口会使两国中文学习人口减少419%，每增加一个标准单位的 GDP 会使两国中文学习人口增加66%，每增加一个标准单位的人均可支配收入会使两国中文学习人口增加45%，每减少一个标准单位的低附加值工业制成品出口会使两国中文学习人口减少123%，每增加一个标准单位的高附加值工业制成品出口会使两国中文学习人数增加257%（见表2-9）。

2. 进口吸附方程

表2-10为进口吸附方程的回归结果。首先讨论控制变量对中文学习人口的吸附作用。GDP 与 $Per\ Income$ 在 $p < 0.000$ 的水平下存在显著的正效应，其中 $Per\ Income$（0.66/1.54/0.80）的系数大于 GDP 的系数（0.21/1.03/0.20），POP 在 $p < 0.000$ 的水平下存在显著的负效应（-1.04/-24.07/-1.20）。综合考虑控制变量的显著水平以及系数大小，可认为 GDP 与 $Per\ Income$ 对中文学习人口存在正向吸附效应，而 POP 对中文学习人口存在负向吸附作用。

接下来讨论解释变量对中文学习人口的吸附机制。FI 与 MI 均未通过显著性检验。HMI 在 $p < 0.000$ 的水平下均存在显著的正效应（3.10/0.57/3.86），LMI 在 $p < 0.000$ 的水平下均存在显著的负效应（-2.06/-0.53/-2.67）。综合考虑解释变量的显著水平以及系数大小，可认为：HMI 对两国中文学习人口存在正向激励作用，而 LMI 对两国中文学习人口存在负向激励作用。以调整 R^2 为最优模型的选定参量，发现三种模型中，$FOLS$ 模型的调整 R^2 为 0.83，这一拟合水平显著高于 OLS 与 DOLS 两种算法。以 FOLS 为最优模型，将贸易方向方程进行如下表述：

$$\ln NCL = 27.03 - 1.20 \ln POP_{JK} + 0.20 \ln GDP_{JK} + 0.80 \ln Per\_I_{JK} - 2.67 \ln LMI_{JK} + 3.86 \ln HMI_{JK} \tag{32}$$

该模型的经济学含义是：韩日两国每减少一个标准单位的青壮年人口会使两国中文学习人口减少120%，每增加一个标准单位的GDP会使两国中文学习人口增加20%，每增加一个标准单位的人均可支配收入会使两国中文学习人口增加80%，每减少一个标准单位的低附加值工业制成品进口会使两国中文学习人口减少267%，每增加一个标准单位的高附加值工业制成品进口会使两国中文学习人数增加386%。

表 2 – 10　进口吸附方程的回归结果

回归系数	算法		
	OLS	DOLS	FOLS
$Intercept$	27. 10 ***	– 0. 04 ***	27. 03 ***
POP_{ij}	– 1. 04 ***	– 24. 07 ***	– 1. 20 ***
GDP_{ij}	0. 21 ***	1. 03 **	0. 20 **
Per_{ij}	0. 66 ***	1. 54 ***	0. 80 ***
FI_{ij}	0. 12	0. 11	– 0. 64
MI_{ij}	0. 07	– 0. 02	– 0. 01
LMI_{ij}	– 2. 06 ***	– 0. 53 ***	– 2. 67 ***
HMI_{ij}	3. 10 **	0. 57 ***	3. 86 ***
调整 R^2	0. 80	0. 43	0. 83
样本数	30（15 × 2）	30（15 × 2）	30（15 × 2）

（四）结果讨论

1. 控制变量对中文学习人口的激励作用

发达国家的经济发展水平与其教育投入往往处于良性互动的状态：庞大的教育投入会为发达国家培养大量的高端劳动力，推动本国经济良性发展；发达的经济还会促使政府与个人增加教育投资，进一步推动本国教育快速发展。郭晓庆（2015）发现，韩日两国每增加一个标准单位的国民生产总值，就会使两国的教育投资总额分别增加1.2%（韩国）与1.8%（日本）。[①]

---

① 郭晓庆. 韩国以教育投资推动产业结构升级的经验及其启示 [J]. 教育理论与实践，2015，35（15）：31 – 32.

根据联合国教科文组织的数据，2019 年韩日两国的平均教育费用分别占家庭年收入的 27.3% 与 31.2%，而欧美发达国家（含美、英、法、德四国）的平均教育费用仅占家庭年收入 21.5%。本研究进一步证明了韩日两国的经济总量与人均可支配收入对两国中文学习人数存在显著的正向吸附作用。研究结果支持"经济决定论"，GDP 与人均可支配收入可为中文在韩日两国的传播提供稳定、可靠的经济动力。

韩日两国均进入了深度老龄化社会。2019 年，日本 65 岁以上人口占总人口比重高达 28%，而韩国 65 岁以上人口占总人口比重为 14.8%。人口老龄化往往伴随少子化。2005 年至 2019 年，日本全国在校小学生总人数以 −1.7‰的速度呈逐年递减的趋势，在校大学生总人数则以 −0.9‰的速度呈逐年递减的趋势。根据韩国教育部的数据，2005 年韩国全国在校小学生总人数为 55.8 万人，2019 年这一数值下降至 43.1 万人。[①] 我们的研究证实了这一观点，相比 GDP 与人均可支配收入，韩日两国的青壮年人口总量对中文学习人数存在显著的负向吸附效应。非老龄化人口是外语学习的主要群体，韩日两国日益萎缩的青壮年人口总量，难以为中文在当地的良性传播提供稳定、可靠的"人口基础"。体现在数学模型中，便是两国的青壮年人口总量对两国中文学习人口存在负向吸附作用。

2. 进口结构对中文学习人口的吸附效应

研究结果表明，高附加值工业制成品进口会对韩日两国中文学习人数产生正向吸附效应，而低附加值工业制成品进口会对韩日两国中文学习人数产生负向吸附效应。对于这一现象，可能的解释如下：其一，中国通过产业升级，初步掌握高端制造业，具备与韩日两国在高端装备制造、新材料、新能源、生物工程、5G 以及人工智能等领域的产业协作能力；其二，中国已进入"人口红利"的衰退期，受新兴工业国家的冲击，中国在低端制造业领域的比较优势已进入"退潮期"。根据结构吸附模型，为实现本国

---

① 日本厚生劳动省劳动人口数据库［DB/OL］.［2020 − 10 − 14］. https：//www. mhlw. go. jp/toukei_ hakusho/toukei；韩国统计局大韩民国人口数据库［DB/OL］.［2020 − 10 − 14］. http：//kostat. go. kr/portal/eng/resources/1/index. static.

贸易利益的最大化，韩日两国会制定如下策略："资本""技术""高端劳动力"已成为中国的富集要素，中日韩三国可一同参与高端制造业的产业协作，基于这一前提，应扩大对华高附加值工业制成品进口份额；中国在低端制造业的比较优势已进入"衰退期"，应压缩对华低附加值工业制成品的进口份额。体现在计量建模层面，便出现了高附加值工业制成品对中文学习人数存在正向吸附作用，而低附加值工业制成品对中文学习人数表现为负向吸附作用。

3. 出口结构对中文学习人数的吸附作用

研究发现，对华高附加值工业制成品出口会对两国中文学习人数存在正向吸附作用，对华低附加值工业制成品出口会对两国中文学习人数存在显著的负向吸附作用。"自然资源"与"廉价劳动力"为韩日两国的稀缺要素，与上述要素密切相关的低附加值工业制成品为两国劣势产品。因而，对华低附加值工业制成品出口会对两国中文学习人数产生负向吸附作用。

类似进口贸易，对华高附加值工业制成品出口也对两国中文学习人数存在显著的吸附作用。然而，相比进口贸易，出口贸易的正向吸附作用似乎更为稳定。在进口吸附方程中，高附加值工业制成品的系数为 0.16，而在出口吸附方程中，这一数值高达 0.20。也就是说，在高端制造业领域，出口贸易对中文人才的吸附作用强于进口贸易。"利己性是驱使个体理性行为的根本动因。上升到国家层面，利己性也是国家进行对外贸易的根本目的。"[1] 从日韩两国的角度来看，对华高附加值工业制成品出口属于"利己行为"，可为本国赚取丰厚的贸易利润，而对华高附加值工业制成品进口属于"利他行为"，涉及贸易利润的对华让渡。相比进口，对华出口高附加值工业制成品更符合韩日两国的利益。因此，在高附加值工业制成品贸易这一领域，出口贸易对中文学习人口的吸附效应要强于进口贸易。

（五）小结

基于出口吸附方程以及进口吸附方程，我们系统研究了韩日两国对华

① 陈平. 代谢增长论：技术小波与文明兴衰［M］. 北京：北京大学出版社，2019.

贸易结构对其中文学习人口的吸附效应，实验结果表明：从控制变量的角度来看，GDP 与人均可支配收入会对中文学习人口产生正向吸附作用；进口贸易与出口贸易对中文学习人数的吸附作用呈现出一定的相似性，低附加值工业制成品贸易均会对中文学习人数产生负向吸附作用，而高附加值工业制成品贸易则会对中文学习人数产生正向吸附作用。

本章小结

本章立足于结构吸附模型，分别以中亚五国、东南亚八国以及韩日两国为研究样本，系统研究了贸易结构对中文学习人口的吸附作用。研究发现，贸易结构对中文学习人口的吸附作用具有鲜明的区域化特征。其中对华矿产品出口总额、对华低附加值工业制成品出口总额以及对华高附加值工业制成品出口总额，分别对中亚五国、东南亚八国以及韩日两国的中文学习人口产生稳定的吸附作用。此外，青壮年人口总量也会影响中文学习人口的增长。中亚五国与东南亚八国拥有可观的"人口红利"，庞大的青壮年人口总量会为其中文学习人口的可持续增长奠定坚实、可靠的人口基础。韩日两国深陷"少子化"泥潭，两国日益萎缩的青壮年人口总量难以为这一区域中文学习人口的可持续增长奠定坚实、可靠的人口基础。下文将基于实证研究结论，分别讨论中亚五国、东南亚八国以及韩日两国的经贸领域中文教育的发展方向。

第三章
中亚五国经贸领域中文教育发展方向

中亚五国拥有丰富的自然资源，这一要素禀赋特征决定了采矿业为中亚五国主导产业。采矿业不仅会影响中亚五国的经济发展模式，还会影响中亚五国的教育投资逻辑。因此，研究中亚五国经贸领域中文教育的发展方向，首先需分析中亚五国教育经费的分配模式，归纳出中亚五国的教育投资逻辑，随后结合实证研究结论，提炼出中亚五国经贸领域中文教育的发展模式——资源驱动模式，最后基于资源驱动模式，分别从采矿业中最为重要的两类生产要素——青壮年劳动力与矿产资源，论述中亚五国经贸领域中文教育的发展方向。

一、资源驱动：中亚五国经贸领域中文教育发展模式

国家经济发展模式直接决定教育经费的分配模式，一国的主导产业对劳动人口往往存在较强的吸附作用，在理性条件下，国家将围绕主导产业的用工需求进行教育投资。鉴于此，下文将首先梳理中亚五国教育经费的分配模式，以期了解中亚五国的教育投资逻辑。在此基础上，结合实证研究结论提炼出中亚五国经贸领域中文教育发展模式——资源驱动模式。

（一）中亚五国教育经费的分配模式

以 2019 年的数据为例，中亚五国教育经费的分配模式存在以下三点特征：

1. 近一半教育经费流向职业技术教育

2019 年，中亚五国教育经费总额为 114.57 亿元，其中 50.01% 的经费

流向了职业技术教育（57.22 亿元），其中围绕采矿业的职业教育投资占比最高，占职业技术教育投资总额的 82.6%（47.25 亿元），主要集中于矿产采掘（16.52 亿元）、地质勘探（9.45 亿元）、矿产冶炼与加工（8.03 亿元）、采掘设备维修（7.08 亿元）以及交通运输（6.14 亿元）共五大领域。①

2. 基础教育投资规模相对可观

2019 年，中亚五国在基础教育领域的投资总额为 40.85 亿元，占教育投资总额的 35.8%，投资规模仅次于职业技术教育。中小学教育投资总额为 32.02 亿元，占基础教育投资总额的 78.4%。幼儿教育投资总额为 8.83 亿元，占基础教育投资总额的 21.6%。②

3. 高等教育投资规模相对有限

2019 年，中亚五国高等教育经费总额为 16.5 亿元，占教育投资总额的 14.4%。从专业的资金分配模式上来看，中亚五国高等教育存在"重文轻理"的趋势，人文社科类专业的投资总额为 11.22 亿元，占高等教育经费的 68%。理工类专业的投资总额为 5.28 亿元，占高等教育经费的 32%。③

通过梳理中亚五国教育经费的分配模式发现，采矿业为中亚五国的支

① 哈萨克斯坦教育与科学部哈萨克斯坦教育数据库［DB/OL］.［2020 - 09 - 29］. http://www. edu. gov. kz. data/en/；乌兹别克斯坦财政部乌兹别克斯坦教育经费数据库［DB/OL］.［2020 - 09 - 29］. http://www. mof. gov. uzb. edu - data/en/；塔吉克斯坦教育部塔吉克斯坦教育数据库［DB/OL］.［2020 - 09 - 29］. http://www. edu. gov. taj. data/en/；吉尔吉斯斯坦教育部吉尔吉斯斯坦教育数据库［DB/OL］.［2020 - 09 - 29］. http://www. edu. gov. kyr. data/en/；土库曼斯坦教育部土库曼斯坦教育数据库［DB/OL］.［2020 - 09 - 29］. http://www. edu. gov. turk. data/en/.

② 哈萨克斯坦教育与科学部哈萨克斯坦教育数据库［DB/OL］.［2020 - 09 - 29］. http://www. edu. gov. kz. data/en/；乌兹别克斯坦财政部乌兹别克斯坦教育经费数据库［DB/OL］.［2020 - 09 - 29］. http://www. mof. gov. uzb. edu - data/en/；塔吉克斯坦教育部塔吉克斯坦教育数据库［DB/OL］.［2020 - 09 - 29］. http://www. edu. gov. taj. data/en/；吉尔吉斯斯坦教育部吉尔吉斯斯坦教育数据库［DB/OL］.［2020 - 09 - 29］. http://www. edu. gov. kyr. data/en/；土库曼斯坦教育部土库曼斯坦教育数据库［DB/OL］.［2020 - 09 - 29］. http://www. edu. gov. turk. data/en/.

③ 哈萨克斯坦教育与科学部哈萨克斯坦教育数据库［DB/OL］.［2020 - 09 - 29］. http://www. edu. gov. kz. data/en/；乌兹别克斯坦财政部乌兹别克斯坦教育经费数据库［DB/OL］.［2020 - 09 - 29］. http://www. mof. gov. uzb. edu - data/en/；塔吉克斯坦教育部塔吉克斯坦教育数据库［DB/OL］.［2020 - 09 - 29］. http://www. edu. gov. taj. data/en/；吉尔吉斯斯坦教育部吉尔吉斯斯坦教育数据库［DB/OL］.［2020 - 09 - 29］. http://www. edu. gov. kyr. data/en/；土库曼斯坦教育部土库曼斯坦教育数据库［DB/OL］.［2020 - 09 - 29］. http://www. edu. gov. turk. data/en/.

柱产业，为采矿业培养大量合格的劳动力是中亚五国进行教育投资的目的之一。为此，中亚五国制定了以基础教育和职业技术教育为主体的教育投资策略：通过基础教育，完成扫盲教育，为国民后续参与职业技术教育奠定基础科学文化素养；通过职业技术教育，围绕采矿业所必需的五大领域——矿产采掘、矿产冶炼、采掘设备维修、交通运输以及地质勘探，培养采矿业所必需的职业技术人才。

（二）资源驱动模式

五国经贸领域中文教育的发展模式可被概括为"资源驱动模式"。图3－1为这一模式的示意图。"自然资源"与"廉价劳动力"为中亚五国的富集要素，"资本"与"技术"为中亚五国的贫乏要素。这一要素分配格局促使中亚五国将采矿业作为本国的支柱产业，因此矿产品是中亚五国主要对华出口产品。为在对华贸易过程中最大限度发挥本国的比较优势，中亚五国应扩充采矿业的中文人才储量。为此，中亚五国应制定如下中文教育发展策略：（1）构建以基础教育与职业技术教育为主体的中文教育体系，其中基础教育主要对国民进行通用型中文教育，而职业技术教育应关注采矿业对中文人才的领域性需求，对本国青壮年劳动力进行职业中文教育；（2）中亚五国工业基础薄弱，对高端劳动力需求有限，面向高等院校的中文教育应控制物质投入规模（见图3－1）。

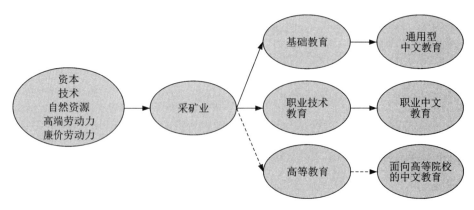

图3－1　资源驱动模式

基于资源驱动模式，我们认为发展中亚五国经贸领域中文教育就是要发展以采矿业为主体的职业中文教育。为此，需把握以下两个要点：一、立足职业技术院校，实现中文教育与职业技术教育的深度融合；二、立足采矿业，关注采矿业对中文人才的领域性需求，设计与之对应的职业中文课程。下文将分别围绕以上两个要点，讨论中亚五国经贸领域中文教育的发展路径。

二、利用人口红利，发展经贸领域中文教育

语言国际传播归根结底在于个体对外语的学习与使用，脱离个体视角，语言国际传播将无从谈起。2000 年至今，中亚五国人口总量呈现出爆发性增长的态势，中亚五国的人口出生率均在 30‰以上，人口自然增长率均在 25‰以上，50 岁以下人口占比均高于 65%，属于典型的"成长型人口结构"①，庞大的青壮年人口总量将会为中文在当地的传播奠定坚实的人口基础。发展中亚五国经贸领域中文教育首先应了解当地青壮年人口的受教育水平，在此基础上，制定适应当地情况的经贸领域中文教育发展规划。

（一）关注职业技术院校的中文教育需求

前文讨论了中亚五国教育经费的分配模式。这种教育投资模式直接影响到中亚五国的人才结构。2000 年至 2019 年，哈萨克斯坦职业教育系统累计培养专业人才共 631.76 万人，占劳动人口总数的 95.27%，而高等教育系统累计培养专业人才共 31.32 万人，占劳动人口总数的 4.73%；塔吉克斯坦职业教育系统累计培养专业人才共 215.19 万人，占劳动人口总数的 94.64%，而高等教育系统累计培养专业人才共 12.17 万人，占劳动人口总数的 5.36%；土库曼斯坦职业教育系统累计培养专业人才共 178.33 万人，占劳动人口总数的 95.23%，而高等教育系统累计培养专业人才共 8.94 万人，占劳动人口总数的 4.77%；乌兹别克斯坦职业教育系统累计培养专业

---

① 根据人口转变理论，人口结构可被分为稳固型、成长型以及衰老型三类。稳固型人口结构对应农业社会的人口结构，此时人口出生率与死亡率大抵相当；成长型人口结构对应工业化初期的人口结构，此时人口出生率远超人口死亡率，绝对人口中的青壮年人口占比较高；衰老型人口结构对应后工业化时代的人口结构，人口的出生率略低于死亡率，绝对人口中的老龄化人口占比较高。

人才共 826.33 万人，占劳动人口总数的 97.51%，而高等教育系统累计培养专业人才共 21.07 万人，占劳动人口总数的 2.49%；吉尔吉斯斯坦职业教育系统累计培养专业人才共 103.19 万人，占劳动人口总数的 89.45%，而高等教育系统累计培养专业人才共 12.17 万人，占劳动人口总数的 10.55%。① 从人才结构的角度来看，中亚五国接受职业技术教育的劳动人口占比明显高于接受高等教育的劳动人口，前者理应成为中文传播的主要受众。

　　然而，当前中国在布局中亚五国孔子学院的过程中，更加关注高等院校中的中文教育需求。截至 2020 年 9 月 28 日，中国在中亚五国共建 13 所孔子学院。哈萨克斯坦共有 5 所孔子学院，分别为欧亚大学孔子学院、哈萨克国立民族大学孔子学院、哈萨克阿克托别朱巴诺夫国立大学孔子学院、卡拉干达国立科技大学孔子学院以及阿布莱汗国际关系与外国语大学孔子学院。吉尔吉斯斯坦共有 4 所孔子学院，分别为比什凯克国立大学孔子学院、吉尔吉斯国立民族大学孔子学院、奥什国立大学孔子学院以及贾拉拉巴德国立大学孔子学院。乌兹别克斯坦共有 2 所孔子学院，分别为塔什干国立东方学院孔子学院与撒马尔罕国立外国语学院孔子学院。塔吉克斯坦共有 2 所孔子学院，分别为塔吉克斯坦民族大学孔子学院与塔吉克斯坦冶金学院孔子学院。在上述 13 所孔子学院中，仅有塔吉克斯坦冶金学院孔子学院具有鲜明的"职业教育"属性，该院自建院以来始终坚持"立足能源工业，培养复合型中文人才"的办学宗旨，将"中文 + 职业技术教育"作为本院的核心业务②。与之相比，其余 12 所孔子学院则带有鲜明的"高等教育"属性，其办学宗旨均围绕"传播中国语言与文化，深化两国高等教育合作"

　　① 哈萨克斯坦教育与科学部哈萨克斯坦教育数据库［DB/OL］.［2020 - 09 - 29］. http：//www.edu.gov.kz.data/en/；乌兹别克斯坦财政部乌兹别克斯坦教育经费数据库［DB/OL］.［2020 - 09 - 29］. http：//www.mof.gov.uzb.edu - data/en/；塔吉克斯坦教育部塔吉克斯坦教育数据库［DB/OL］.［2020 - 09 - 29］. http：//www.edu.gov.taj.data/en/；吉尔吉斯斯坦教育部吉尔吉斯斯坦教育数据库［DB/OL］.［2020 - 09 - 29］. http：//www.edu.gov.kyr.data/en/；土库曼斯坦教育部土库曼斯坦教育数据库［DB/OL］.［2020 - 09 - 29］. http：//www.edu.gov.turk.data/en/.

　　② 李晓东，刘玉屏，尹春梅. 中亚本土"中文 +"复合型人才需求分析与培养方略研究［J］. 齐齐哈尔大学学报（哲学社会科学版），2021（1）：184 - 188.

而展开。①

中亚五国经济发展水平相对滞后，大部分劳动人口接受的最终学历教育为职业教育而非高等教育。面向高等院校开设孔子学院，推广中文教育，其本质是构建面向中高阶层的中文教育体系。②③ 这一发展思路并未充分利用中亚五国的"人口红利"。基于这一前提，笔者认为，未来应转变发展思路，构建以职业院校为核心的中文教育体系，实现中文教育与职业技术教育的深度融合，为中亚五国"消除贫困、增加就业、改善民生"提供中国智慧、中国方案。职业中文教育会在以下方面助力当地的脱贫事业：

其一，职业中文教育有助于提高中亚五国人民的就业能力。随着中国经济的蓬勃发展，越来越多的中国企业走出国门，进入中亚市场。这些企业对具备中文沟通能力的人才需求旺盛，为当地人民提供了丰富的就业机会。通过学习职业中文，中亚五国人民可以更好地融入中国企业，提高自身的竞争力，从而实现脱贫致富。

其二，职业中文教育有助于促进中亚五国与中国的经贸往来。中国是世界上最大的发展中国家，与中亚五国在经贸领域的合作潜力巨大。掌握职业中文的人才可以在中亚五国与中国之间发挥桥梁作用，推动双方的经贸往来，为当地经济发展注入新的活力。此外，职业中文教育还有助于提升中华文化在当地的传播水平。中文是世界上使用人数最多的语言之一，具有悠久的历史和丰富的文化内涵。通过学习职业中文，中亚五国人民可以更好地了解中国文化，增进对中国的了解和友谊，从而提升两国之间的文化交流和互信。

总之，职业中文教育在助力中亚五国脱贫事业方面发挥了重要作用。通过学习职业中文，中亚五国人民不仅可以提高自身的就业能力，还可以

① 尤丽娅（Murodova Yuliya）. 塔吉克斯坦汉语教学现状及问题研究［D］. 北京：中央民族大学，2019.

② 张全生，郭卫东. 中国与中亚的人文交流合作——以孔子学院为例［J］. 新疆师范大学学报（哲学社会科学版），2014，35（4）：64－71.

③ 李琰，聂曦. 中亚高校汉语国际教育发展现状研究［J］. 新疆师范大学学报（哲学社会科学版），2016，37（5）：77－84.

促进中亚五国与中国的经贸往来和文化交流。在未来，随着中国经济的持续发展和"一带一路"倡议的深入推进，职业中文教育将在中亚地区发挥更加重要的作用，为当地脱贫事业和经济社会发展作出更大贡献。

（二）巧用技术援助，发展职业中文教育

苏联时期，为提升中亚地区的职业教育质量，苏联主体三国（俄罗斯、乌克兰以及白俄罗斯）对中亚五国采取对口支援的策略，向中亚派去了大量的工程技术人员发展当地的职业技术教育，其中俄罗斯对哈萨克斯坦、乌兹别克斯坦以及塔吉克斯坦进行对口支援，乌克兰、白俄罗斯分别对吉尔吉斯斯坦与土库曼斯坦进行对口支援。[①] 此外，1950 年至 1990 年苏联对中亚实施长达 40 年的"技术补贴"政策，苏维埃每年向中亚地区的职业技术院校提供多项高端技术转让，有效提升了当地职业教育的技术水平。受惠于上述政策，苏联时期的中亚职业技术教育实现了跨越式的发展。然而，1991 年 12 月 25 日，苏联解体，长达 40 年的职业教育帮扶政策戛然而止，随后，中亚五国的职业技术教育陷入长达 30 多年的停滞期，师资短缺与技术落后成为当代中亚职业技术教育的"常态"。

中亚五国虽然对职业技术教育给予充足的财政支持，但其职业技术教育仍以 20 世纪 80 年代的技术作为教学内容，其职业技术教育质量与世界主流职业技术教育存在明显的代差。联合国教科文组织总干事奥德蕾·阿祖莱认为：中亚五国的职业教育若要重现苏联时代的辉煌，关键在于解决因苏联解体带来的技术空位。当前，中国的矿业生产技术已达到世界先进水平。先进的矿业生产技术对提升中亚五国采矿业的发展质量尤为重要。在此基础上，笔者认为可采取"巧用技术援助，发展职业中文教育"的思路发展中亚五国经贸领域中文教育。

巧用技术援助，发展职业中文教育，首先应凸显孔子学院在中亚职业教育体系中的地位。孔子学院是中国文化与教育"走出去"的第一品牌，

---

① 刘俊霞. 中亚国家高等教育国际化发展现状及趋势分析［J］. 教育教学论坛，2017（9）：1－3.

是当代对外文化交流项目中，层次最高、影响最大的语言文化传播项目。中亚五国工业技术薄弱，生产技术落后。这一客观事实严重制约了职业教育在中亚地区的良性发展。孔子学院可发挥"信息中介"的优势，在了解当地职业教育需求的前提下，对接国内高水平职业教育院校，为中亚五国提供高质量的"中文＋职业技术"课程，实现职业技术教育与中文教育的同时传播。

巧用技术援助，发展职业中文教育，真正发挥职业中文教育在中亚地区的潜力，关键在于了解当地的中文教育需求。首先，我们需要关注中亚五国政府对中文教育的政策导向和支持力度。通过与当地政府建立良好的沟通机制，我们可以更好地了解他们的需求和期望，从而制定出更符合实际的中文教育方案。其次，我们需要关注中亚五国民众对中文学习的兴趣和动力。通过调查和研究，我们可以了解到他们在学习过程中遇到的困难和挑战，以及他们对中文教育的期待。最后，我们还需要关注中亚五国企业和市场对中文人才的需求。通过与企业建立紧密的合作关系，我们可以了解到他们对中文人才的实际需求，从而为他们提供更加精准的职业中文教育服务。

三、立足采矿业，培养职业中文人才

采矿业是中亚五国的支柱产业，这一支柱产业的用工需求会对当地的经贸领域中文教育需求产生深刻影响。因此，研究中亚五国经贸领域中文教育的发展方向，还应关注采矿业对中文人才的领域性需求，并在此基础上构建相应的矿业中文学科体系。

（一）采矿业对中文人才的领域性需求

采矿业会对中亚五国的中文学习人口产生较强的吸附作用。这一现象启示我们，在发展中亚五国经贸领域中文教育的过程中，应关注采矿业对中文人才的领域性需求。在此基础上，结合当地需求设计相关职业中文教育课程。下文将从矿产生产与矿产交易两个角度出发，讨论采矿业对中文人才的领域性需求。随后提出发展当地经贸领域中文教育的具体思路。

1. 生产领域：提高生产效率

地质勘探、矿产采掘以及矿产品冶炼为采矿业的三大生产任务，其中地质勘探是开展矿产采掘工作的前提；矿产采掘则是采矿业的核心生产任务，是采矿业实现获利的前提；矿产品冶炼对矿产品进行精度提纯，这一过程将直接决定采矿业的盈利空间。目前中亚五国采矿业的主流技术均停留在20世纪80年代。苏联解体后，中亚五国的采矿业面临技术落后以及人才流失的困境，相关企业仍使用苏联时期的技术，进行地质勘探、矿产采掘以及矿产品冶炼。基于苏联时期的技术进行矿产品采掘与生产，直接为中亚五国的采矿业贴上了"高污染、高能耗、低利润"的标签，严重压缩了当地采矿业的盈利空间。[①]

在这样一个背景下，围绕地质勘探、矿产采掘以及矿产提炼三大领域开发相应职业技术中文课程，可有效解决这一问题。首先，通过职业技术中文教育，中亚五国采矿业的从业人员可接触到中方先进的矿业生产技术，弥补本国技术"短板"，从而全面提升中亚五国采矿业的生产效率。此外，两个语言不通的国家进行经贸合作，需使用相同的语言进行沟通与合作。通过职业中文课程，中亚五国不仅掌握了先进矿产生产技术，同时也具备了一定的中文交际能力。"一带一路，语言铺路"，通过职业中文的"牵线搭桥"，双边的沟通与协作成本将会有效降低，双边矿产贸易合作也将深化。

2. 交易领域：降低交易风险

中亚五国矿产投资还处在起步阶段，当地政府在市场监管、风险防范等方面不够成熟。在拓展中亚市场的过程中，中国企业对当地投资风险的认识水平以及承受能力千差万别，经常会出现融资困难、信息获取迟缓、管理理念落后等问题，上述因素均会增加中国企业在中亚五国的投资风险。[②] 海外利益是国家利益的海外延伸，维护和拓展海外利益是大国成长的

① 陈超，金玺. 吉尔吉斯斯坦矿业及其投资环境［J］. 世界有色金属，2012（3）：64 - 66.
② 何子鑫，张丹丹，曹积飞，等. 乌兹别克斯坦矿产资源现状与投资环境分析［J］. 中国矿业，2020，29（2）：26 - 31.

必由之路，是关系国计民生的重大战略议题。广泛的海外利益是世界强国的标志之一，维护和拓展海外利益是大国成长的核心要素。① 中亚五国资源丰富，维护与拓展中国在中亚的矿业利益，对推进"一带一路"倡议具有重要意义。基于这一客观需求，应面向采矿业开发相应的商务中文课程，为中资机构培养一批"懂中文、精业务、亲中国"的"利益代言人"，为中资机构在当地开展商务活动储备人才。

首先，面向交易领域，培养中文人才有助于提高中亚五国与中国之间的沟通效率。矿产品跨境交易涉及中国与中亚两种不同的大宗产品交割手续。语言沟通成为交易过程中的重要环节。掌握中文的专业人才可以在中亚五国与中国之间发挥桥梁作用，促进双方的沟通与合作，降低因语言障碍导致的交易风险。

其次，面向交易领域，培养中文人才有助于提升中亚五国在矿产品跨境交易中的竞争力。随着全球矿产资源的需求不断增长，矿产品市场竞争日益激烈。掌握中文的专业人才可以更好地了解中国市场的需求和发展趋势，为中亚五国的矿产品开拓更广阔的市场空间提供有力支持。

最后，培养中文人才还有助于推动中亚五国矿业企业的技术创新和管理升级。中国在矿业领域拥有丰富的经验和先进的技术，可以为中亚五国提供宝贵的借鉴和合作机会。掌握中文的专业人才可以更好地吸收和运用中国矿业领域的先进技术和管理经验，推动中亚五国矿业企业的技术创新和管理升级，提高矿产品的质量和附加值。

（二）发展思路：以中方为主导，构建矿业中文学科体系

对华矿产贸易是确保中亚五国经济发展的重要基础，而拥有强大的矿业中文服务能力将会为中亚五国对华矿产贸易的发展提供可靠的语言保障，具体表现为中亚五国有充足的矿产勘探、生产、贸易等关键领域的中文人才储备；相关中文人才了解采矿业专业知识，具备使用中文进行跨文化交际的能力；中亚五国具备强大的矿业中文教学资源库以及相应的语言信息

---

① 金灿荣. 十八大以来的中国外交理论和实践创新［J］. 当代世界，2017（10）：9 – 13.

基础支撑；中亚五国矿业中文人才熟练掌握国际矿业贸易规则，可熟练运用中文向中资机构表达本国矿业商务情报。

矿业中文人才是高素养的复合型中文人才。矿业中文人才应了解地缘政治格局，通晓中国与本国的采矿规则，熟练运用区域性能源组织语言进行沟通、交流，能够快速及时有效收集、汇总、提炼各类能源安全的相关信息。培养矿业中文，应遵循跨校培养以及校企联合培养的模式，打造"中文教学 + 跨文化交际 + 采矿业"的超学科集群，落实矿业中文人才的培养和储备。以职业院校师生与企业人员为主体，建立"中国—中亚矿业院校联盟"。加强矿业中文学科的基础设施建设，如矿业舆情案例库、矿业机构数据库、矿业法律数据库、关键国家矿业政策库、矿业中文术语库、矿业中文教材库、矿业中文师资库等。整合矿业中文资源，努力打造具有中亚特色的矿业语言服务常态体系。

矿业中文服务可围绕以下四个维度开展工作：一是利用语言信息技术，及时追踪、整合哈萨克斯坦、塔吉克斯坦、乌兹别克斯坦、吉尔吉斯斯坦以及土库曼斯坦五国的矿业信息，为相关企业调整经营战略提供必要的信息支撑；二是建设"中国—中亚"矿业命运共同体，为解决矿业贸易纠纷奠定制度基础；三是建立"中国—中亚"矿业工业的语言人才储备库，协助应对语言障碍造成的交易安全问题，保障相关企业的经济利益，提升矿业行业风险抵御能力；四是参与处理中亚矿业安全与治理，提升中国在这一区域的矿业治理话语权，为中国引领和重塑中亚矿业供应链，创新中亚矿业治理机制发挥建设性作用。

四、推动国际中文教育助力中国高端制造"走出去"

中国与中亚的经济合作转型升级离不开语言的助力。现阶段，中国的经济转型与中亚的工业化形成历史对接，中国的发展经验及相关技术、资金支持对于中亚来说是至关重要的。中国与中亚五国合作的开展使得中亚工业化进程的一大瓶颈问题——本土高端制造业基础薄弱得以解决。但值得注意的是，高端制造业的国际间转移不仅面临高精尖人才缺失的问题，语言问题同样也是不可忽视的。以此为切入点，对于中亚来华留学生的国际中文教育可以聚焦于培养中非经贸领域中文人才，同时立足中国的本土优势，可以优先关注与中亚对华进口贸易有关的经贸领域中文教育需求。首先，国内高校应关注中亚国家的高附加值工业制成品消费需求，向中亚来华留学生介绍中国经济发展的新形势、新业态，推动中文教育服务中国高端制造业的"走出去"战略；其次，在高端制造业与高端服务业融合联动发展的背景下，对于高端服务的需求急速上升。国内高校应大力培养一批既懂"高精尖"技术又能用中文将技术知识传授给相关中文需求学习者的高端服务业人才，补齐中国跨国服务贸易发展的短板，锻造高端服务贸易新引擎。

五、推动国际中文教育服务中亚国家社会经济发展

中国与中亚经贸合作的"提质增效"不仅助力中国经济发展，同时也为中亚经济发展添砖加瓦。中亚国家主要依靠出口初级产品赚取外汇，同时创造税收、增加就业。中国作为当前中亚的第一大贸易伙伴国，为中亚的经济增长提供了强劲的动力。中亚国家应牢牢抓住中非合作的历史机遇期，充分发挥自身优势，扩大经济规模，夯实经济基础，实现中亚经济高质量跨越式发展。为更好加强中非双方合作，中亚国家需要积极开展本土中文教育事业，更好发挥中文在中非合作中的桥梁作用。首先，中亚国家可与中国积极开展合作，开设"中文＋农业""中文＋采矿业""中文＋低端制造业"相关课程，为中亚国家对华出口贸易培养"通中文，精业务"的复合型中文人才；其次，中亚国家应关注产品附加值对不同行业中文人才需求的影响，相较于农业和采矿业，低端制造业的中文人才的需求较为旺盛，当地孔院可优先发展与低端制造业密切相关的"中文＋"课程，推动中亚中文教育发展服务当地产业升级。

六、开展中文在中亚经济价值的调查研究

为更好发挥中文在中亚的经济价值，推动中文服务于中亚当地经济发

展和个体学习者脱贫增收，开展中文在中亚经济价值的调查研究具有其迫切性与必要性。通过开展中文在中亚经济价值的理论调查研究，能够得出中亚中文传播背后的经济机理，以此指导中亚国际中文教育的良性发展，让中文在中亚的经济价值进一步显现，使中文更好赋能双边经贸合作。同时，开展中文在中亚经济价值的调查研究对于其他大洲也具有指导性作用，可以借鉴中亚中文价值的研究类推其他大洲，形成全球中文价值研究的完整理论体系，并以此制定相应语言政策与规划，指导各大洲、各国家国际中文教育事业发展。以中亚为例，中亚的中文教育机构应从学习者自身学习期望和用工单位的人才需求出发，分析中文需求的大小与分布，分层分类地按需配置中文以及职业技术教育资源。双方应共同围绕相关领域制定经贸领域"中文＋"人才培养规划，在招生规模以及培养层次方面进行精准、合理规划。

本章小结

采矿业为中亚五国的支柱产业。面向采矿业培养合格的产业工人是中亚五国进行教育投资的主要目的之一。因此，中亚五国高度重视发展以采矿业为主的职业技术教育系统。基于这一客观事实，发展中亚五国的经贸领域中文教育应以采矿业为产业依托，以当地职业技术院校为主要教学机构，实现中文教育与职业技术教育的融合，开发相应的矿业中文课程，为中亚五国的经济发展与建设提供中国智慧与中国方案。

第四章
东南亚八国经贸领域中文教育发展方向

　　东南亚八国（越南、老挝、柬埔寨、缅甸、泰国、菲律宾、马来西亚以及印度尼西亚）拥有庞大的青壮年人口总量、丰富的矿产资源以及完整的低端制造业产业链。上述要素禀赋决定了低端制造业为东南亚八国的主导产业。低端制造业不仅会影响东南亚八国的经济发展模式，还会影响其教育投资逻辑。研究东南亚八国经贸领域中文教育的发展方向首先需分析东南亚八国教育经费的分配模式，在此基础上，归纳出东南亚八国的教育投资逻辑，随后结合实证研究结论，提炼出东南亚八国经贸领域中文教育的发展模式——"资源—人力"驱动模式。基于"资源—人力"驱动模式，从中资机构与当地政府两个角度，论述东南亚职业中文教育的发展方向。

一、"资源—人力"驱动：东南亚八国经贸领域中文教育发展模式

　　本小节将首先梳理东南亚八国教育经费的分配模式，以期了解东南亚八国的教育投资逻辑。在此基础上，结合实证研究结论提炼出东南亚八国经贸领域中文教育发展模式——"资源—人力"驱动模式。

（一）东南亚八国教育经费的分配模式

　　以2019年的数据为例，东南亚八国教育经费的分配模式存在如下特点：

　　1. 职业技术教育为八国教育投资的重点领域

　　2019年，东南亚八国教育经费总额为2326.92亿元，其中47.55%的教

育经费流向了职业技术教育（1106.44 亿元），其中围绕制造业，特别是低端制造业的职业教育投资占比最高，占职业技术教育投资总额的 76.2%（843.12 亿元），主要集中于纺织业（210.64 亿元）、钢铁冶炼（143.23 亿元）、贱金属加工（126.38 亿元）、橡胶工业（117.96 亿元）、土木工程（143.23 亿元）以及聚乙烯加工（101.11 亿元）六大领域。①

2. 基础教育投资规模较为可观

2019 年，东南亚八国在基础教育领域的投资总额为 868.65 亿元，占教育投资总额的 37.33%，投资规模仅次于职业技术教育。中小学教育投资总额为 524.40 亿元，占基础教育投资总额的 60.36%。幼儿教育投资总额为 344.25 亿美元，占基础教育投资总额的 39.64%。②

3. 高等教育经费相对有限，但学科分配均衡

2019 年，东南亚八国高等教育经费总额为 351.83 亿元，占教育投资总额的 15.12%。如果考虑学科资金分配，东南亚八国高等教育的学科经费存在"文理均衡"的趋势，人文社科类专业的投资总额为 185.76 亿元，占高等教育经费的 52.79%。理工类专业的投资总额为 166.07 亿元，占高等教

① 泰国教育部泰国教育数据库 [DB/OL]. [2020 - 10 - 05]. http：//www. en. moe. go. th/en-Moe2017/edu - data；马来西亚教育部马来西亚职业教育信息数据库 [DB/OL]. [2020 - 10 - 05]. https：//www. moe. gov. my/en/special - education；缅甸教育部缅甸教育经费数据库 [DB/OL]. [2020 - 10 - 05]. http：//www. myancoop. gov. mm/en/edu - fund；柬埔寨教育数据库 [DB/OL]. [2020 - 10 - 05]. http：//www. cambodia. gov. kh/en/edu - data；越南教育与培训部越南教育经费数据库 [DB/OL]. [2020 - 10 - 05]. https：//en. moet. gov. vn/reports - and - statistics/Pages/Sectoral - staticstics. aspx；印度尼西亚教育部印度尼西亚教育数据库 [DB/OL]. [2020 - 10 - 05]. http：//www. kemdiknas. go. id/en/reports - and - statistics；菲律宾教育部菲律宾教育数据库 [DB/OL]. [2020 - 10 - 05]. https：//www. deped. gov. ph/alternative - learning - system/resources/oer/.

② 泰国教育部泰国教育数据库 [DB/OL]. [2020 - 10 - 05]. http：//www. en. moe. go. th/en-Moe2017/edu - data；马来西亚教育部马来西亚职业教育信息数据库 [DB/OL]. [2020 - 10 - 05]. https：//www. moe. gov. my/en/special - education；缅甸教育部缅甸教育经费数据库 [DB/OL]. [2020 - 10 - 05]. http：//www. myancoop. gov. mm/en/edu - fund；柬埔寨教育数据库 [DB/OL]. [2020 - 10 - 05]. http：//www. cambodia. gov. kh/en/edu - data；越南教育与培训部越南教育经费数据库 [DB/OL]. [2020 - 10 - 05]. https：//en. moet. gov. vn/reports - and - statistics/Pages/Sectoral - staticstics. aspx；印度尼西亚教育部印度尼西亚教育数据库 [DB/OL]. [2020 - 10 - 05]. http：//www. kemdiknas. go. id/en/reports - and - statistics；菲律宾教育部菲律宾教育数据库 [DB/OL]. [2020 - 10 - 05]. https：//www. deped. gov. ph/alternative - learning - system/resources/oer/.

育经费的 47.21%。①

东南亚八国教育投资逻辑与中亚五国相似，通过基础教育，使国民具备基础科学文化素养。随后通过职业技术教育，为本国培养大量的产业工人。因此，大部分教育经费流向了基础教育与职业技术教育。在职业技术教育领域，两大区域经济体的投资思路出现了分化：采矿业为中亚五国的支柱产业，中亚五国主要围绕采矿业进行职业技术教育投资；低端制造业为东南亚八国的支柱产业，东南亚八国主要围绕低端制造业进行职业技术教育投资。

（二）"资源—人力"驱动模式

东南亚八国经贸领域中文教育的发展模式可被概括为"资源—人力"驱动模式。图 4-1 为这一模式的示意图。"自然资源""廉价劳动力""低端制造技术"为东南亚八国的富集要素，"资本""高端制造技术""高端劳动力"为东南亚八国的贫乏要素。这一格局促使东南亚八国将低端制造业作为本国的支柱产业，因此低附加值工业制成品成了东南亚八国的主要对华出口产品。为充分发挥本国的相对比较优势，上述国家应最大限度地扩充低端制造业的中文人才储量。为此，东南亚八国应制定如下中文教育发展策略：构建以基础教育与职业技术教育为核心的中文教育体系，其中基础教育对国民进行通用型中文教育，而职业技术教育应关注低端制造业对中文人才的领域性需求，开发相应职业中文课程，对本国青壮年劳动力进行职业中文教育。东南亚八国虽具备一定的工业基础，但技术含量相对较

---

① 泰国教育部泰国教育数据库［DB/OL］．［2020-10-05］．http：//www. en. moe. go. th/en-Moe2017/edu-data；马来西亚教育部马来西亚职业教育信息数据库［DB/OL］．［2020-10-05］．https：//www. moe. gov. my/en/special-education；缅甸教育部缅甸教育经费数据库［DB/OL］．［2020-10-05］．http：//www. myancoop. gov. mm/en/edu-fund；柬埔寨教育数据库［DB/OL］．［2020-10-05］．http：//www. cambodia. gov. kh/en/edu-data；越南教育与培训部越南教育经费数据库［DB/OL］．［2020-10-05］．https：//en. moet. gov. vn/reports-and-statistics/Pages/Sectoral-staticstics. aspx；印度尼西亚教育部印度尼西亚教育数据库［DB/OL］．［2020-10-05］．http：//www. kemdiknas. go. id/en/reports-and-statistics；菲律宾教育部菲律宾教育数据库［DB/OL］．［2020-10-05］．https：//www. deped. gov. ph/alternative-learning-system/resources/oer.

低，不具备发展高端制造业的产业基础，只有少量青壮年人口得以接受高等教育。因此，面向高等院校的中文教育应控制其物质投入（见图4-1）。

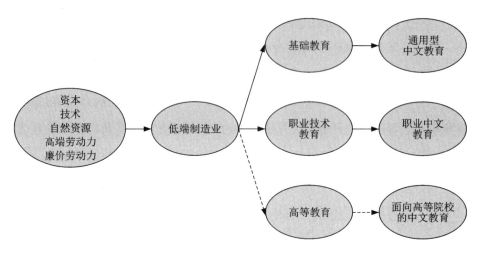

图4-1 "资源—人力"驱动模式

根据"资源—人力"驱动模式，本书认为发展东南亚八国经贸领域中文教育关键在于发展面向低端制造业的职业中文教育。笔者将分别从中方与当地政府两个视角出发，讨论东南亚职业中文教育的发展方向。

二、中方视角下的东南亚职业中文教育发展方向

鲁班工坊是中国主导并推动实施的国际职业教育品牌。自2016年全球第一个鲁班工坊在泰国孔敬大学成立以来，中国陆续与"一带一路"共建国家展开国际职业教育合作，鲁班工坊已成为中国对外输出职业技术教育标准的成功典范。2017年，天津轻工职业技术学院与印度金奈理工职业学院建立印度鲁班工坊，为当地提供钢铁冶炼、数控机床操作、机电维修等课程。2017年，天津市东丽区职教中心与印尼波诺罗戈市第二职业技术学校联合共建的印尼"鲁班工坊"正式启动建设。2019年南非鲁班工坊揭牌仪式在南非德班理工大学隆重举行。2019年天津中德应用技术大学与柬埔寨国立理工职业学院合作建设的"澜沧江—湄公河"职业教育培训中心暨

柬埔寨鲁班工坊在柬埔寨金边落成。下文将首先梳理鲁班工坊办学模式。随后从普适性发展理念与差异化发展理念两个维度出发，论述中国在发展东南亚职业中文教育体系中应秉承何种理念。

（一）鲁班工坊的办学模式

1. 中文教学是特色

"中文教学与职业技能教育并重"是鲁班工坊区别于当地职业教育的一个典型特征。建立鲁班工坊的核心目的是对外输出中国制造业的生产标准与生产技术，使"一带一路"共建国家享受到高质量的职业技术教育。因此，中文教学则成为开展职业技术教育的前提。为使当地学员尽快掌握中文，泰国鲁班工坊制定了"基础训练＋专题训练"的中文教学模式。在接受正式的职业技术教育前，学员需经历3至4个月的中文基础训练。通过基础训练，学员具备了中文基础交际能力。此类课程由当地孔院老师授课。完成基础训练后，便是"专题训练"。这一阶段的中文课程，以职业技能教学为"主线"，将中文教学融入职业技术教学，通过"在做中学"，培养学员在特定技术场景中的中文交际能力。

2. 以"项目实训"为载体，掌握"中国标准"

鲁班工坊奉行"在做中学"的原则，强调以"实训"为载体，掌握"中国标准"。为落实这一理念，鲁班工坊开发出 EPIP 教学模式，EPIP 四个字母分别代表工程（Engineering）、实践（Practice）、创新（Innovation）以及项目（Project）的英文首字母。相比一般职业教学项目，EPIP 更加强调创新能力的培养。EPIP 通过项目分解，将一个完整的工程项目分解为多个子项目，使学员在每一次实训中完成具体、真实的工作任务，从而实质性提升学员的项目执行能力。对于 EPIP 教学模式而言，合理控制教学内容的难度直接关乎教学成败。这就要求职业技术教师遵循从易到难的原则，将真实的工程项目分割为一个个难度适中、可操作性强的项目实训。通过从简单到复杂、从单项到综合的工程项目，培养学员的工程思维，全面提升学员在实际项目中发现问题、分析问题以及解决问题的能力。[1][2]

3. 以双轨制促师训，构建中国模式

在师资培训领域，鲁班工坊采取"双轨制"思路。中文教师采取"语言教学技能培训为主，职业技术知识培训为辅"的培训策略；职业技术教师采取"职业技术知识培训为主，语言教学技能培训为辅"的培训策略。所有教师在正式上岗前均需开展两轮培训：第一轮培训不少于4周，职业技术教师的培训内容主要内容包括掌握 EPIP 教学模式、熟悉教学设备以及熟悉课程资源，中文教师的培训内容围绕确定"基础训练"内容，至少包含教学内容、教学进度以及教学大纲三个维度；第二轮培训为期不少于3周，以泰国当地通晓中文的职业技术教师为教学对象，进行"实战预演"，全面提升中文教师与职业技术教师的授课能力。这一阶段的核心任务是调整授课进度，对于较为简单的课程可加快授课进度，而对于学习难度较大的课程则需延长授课周期。两轮教师培训，有效保证了鲁班工坊的师资质量。

4. "一体两翼"建设模式探索

如何更大程度地诠释"鲁班工坊"这一品牌的核心要义是实践探索中的核心问题。"一体两翼"是在印度鲁班工坊建设实践探索过程中形成的一种核心服务功能："一体"即服务鲁班工坊所在国职业技术教育改革发展，培养本土技术技能人才；"两翼"即服务国际产能合作和搭建中外人文桥梁。[3]

首先，从建设背景的角度来看，一方面是基于"一带一路"倡议，印度鲁班工坊的建设是与"一带一路"建设需求紧密相关的。近年来，中印在经贸领域的合作发展迅速，具体体现在中国企业进行海外投资在印度投

---

① 吕景泉，杨延，芮福宏，等. "鲁班工坊"——职业教育国际化发展的新支点 [J]. 中国职业技术教育，2017（1）：47-50.

② 吕景泉. 鲁班工坊——中国职业教育国际知名品牌 [J]. 天津职业院校联合学报，2019，21（1）：3-10.

③ 王娟，戴裕崴. 印度鲁班工坊"一体两翼"建设模式实践探索 [J]. 职业教育研究，2023（10）：5-9.

资建厂，印度已成为我国重要投资目的国。同时，无论是印度本土企业还是中资企业，对高技能技术工人的需求都呈上升趋势。印度鲁班工坊以天津"国家现代职业教育改革创新示范区"优质资源为支撑，以天津研发的国际化专业教学标准为依据，以 EPIP 为教学模式，将中国优质职业教育和中国优质产品技术与印度分享，培养当地熟悉中国技术、产品、标准的技术技能人才，项目建设秉持平等合作、开放包容、互学互鉴、互利共赢的精神，坚持共研、共建、共享、共用、共赢的"五共"机制，配合中国企业和产品走出去。① 另一方面是基于中印产能合作需求，作为第一家校企合作的鲁班工坊，印度鲁班工坊推动了中方院校与印方相关企业建立校企合作关系，中方院校和企业一起走出国门进行人才培训，帮助满足企业人才需求。在这一人才需求的导向下，教随产出，中方院校"走出去"携手在印中资企业与当地知名院校合作建设印度鲁班工坊。②

其次，从建设模式的角度来看，印度鲁班工坊在建设之初事先开展了一系列的调查研究，分析了印度职业教育的特征，为这一项目后续落地打好基础。同时，合作之初，印方也曾赴中方开展实地考察。现阶段印度鲁班工坊已经形成了一套标准的建设方案，有自己的建设步骤以及合作的专业领域。

最后，从鲁班工坊的核心要义来看，其是以国家现代职业教育改革创新示范区建设成果为支撑，以平等合作、优质优先、强能重技、产教融合、因地制宜为建设原则，以 EPIP 为教学模式，以国际化专业教学标准为基本依据，以全国职业院校技能大赛赛项装备为主要载体，以师资培训先行和教学资源开发为必要保障，通过国际化的校校合作和校政项目合作在境外创建的实施学历教育和技术培训的实体化合作机构，是在境外为当地培养

---

① 吕景泉. 鲁班工坊 ［M］. 北京：中国铁道出版社，2018.
② 王娟，戴裕崴. 印度鲁班工坊"一体两翼"建设模式实践探索 ［J］. 职业教育研究，2023（10）：5 - 9.

熟悉中国技术、了解中国工艺、认知中国产品的本土化技术技能人才而创设的职业教育国际合作品牌。① 印度鲁班工坊积极进行教学资源的数字化转型，探索并实现了一系列数字化教学资源，并坚持"师资培训先行"的原则，一以贯之地采用 EPIP 教学模式，训练与比赛相互结合。

（二）鲁班工坊视角下的东南亚职业中文教育普适性发展理念

1. 关注顶层设计，出台建设方案

建议以中华人民共和国工业和信息化部、商务部、外交部以及教育部为主体，联合中国优质职业教育院校，制定鲁班工坊的发展规划，确定鲁班工坊的建设目标、办学任务以及组织原则，规定鲁班工坊的征地模式、设备租赁规则以及师资配备规则的基本要求，明确中外职业院校在鲁班工坊建设过程中的责任与任务。统筹国内供给与海外需求，避免一哄而上、扎堆建设，力求"少而精"，保证鲁班工坊的教学质量。设立表彰奖励制度，对优秀学员、优秀师资以及优秀培训点进行物质奖励，调动学员、教师以及培训点管理人员的积极性，积极调动社会多方力量参与鲁班工坊建设。

2. 成立相关智库，保障政策质量

应给予建设单位充分自主权的基础上，聘请语言学家、当地中资机构代表以及职业院校教师组建"鲁班工坊专家建设委员会"。立足泰国成功经验，在考虑当地需求的前提下，为鲁班工坊的建设提供专家指导意见，保证鲁班工坊的建设质量。此外，东南亚八国经济发展模式具有较强的同质性，一国的建设经验具有较强的类推价值。因此，在建立"鲁班工坊专家建设委员会"的同时，还应成立"东南亚鲁班工坊建设联盟"，为各国鲁班工坊搭建沟通交流与资源共享的平台，各地鲁班工坊通过这一平台学习、交流成功经验，吸取失误教训，保证鲁班工坊的建设成效。

---

① 吕景泉. 鲁班工坊——中国职业教育国际知名品牌 [J]. 天津职业院校联合学报，2019，21（1）：3-10.

3. 实现语言教育、职业技能教育以及职业道德教育的融合

"鲁班工匠"是培养现代"鲁班"的教育平台，其目的是在"高仿真"的环境下对学员进行项目实训，培养学员独具匠心的技术技能、爱岗敬业的工作态度，使学员成为才德兼备的"现代工匠"。泰国鲁班工坊在建设之初，便树立"智育与德育并重，文化教育融入职业道德教育"的办学思路。孔子学院传授中国语言和中国文化，是中国语言与文化"走出去"的代表性品牌。以孔子学院为机构依托，将职业道德教育融入中文课堂，使学员在学习中文的同时，潜移默化地接受职业技术道德准则。这种职业道德教育方式，也得到了用人单位的认可。中铁二十一局负责人高度评价泰国鲁班工坊的教学质量。相关企业负责人认为，泰国鲁班工坊成功将中文教学、职业技能教学以及职业道德教育融为一体，培养出一批高素质复合型中文人才，为中泰两国深化高铁领域的合作奠定了坚实的人才保障。①

4. 重视中文教育对当地民众的脱贫价值

随着中国经济的快速发展和国际地位的提升，中文教育在东南亚地区得到了快速发展。越来越多的东南亚国家开始将中文纳入国民教育体系，并积极推广中文教育。这一现象的背后，是东南亚国家对中国市场的看好以及对中文教育对当地民众脱贫价值的深刻认识。

其一，中文教育为东南亚当地民众提供了更多的就业机会。随着中国在全球经济中的地位不断提升，越来越多的中国企业走出国门，进入东南亚市场。这些企业需要大量懂中文的员工来帮助他们开展业务，而这正是东南亚国家推广中文教育的一个重要原因。通过学习中文，东南亚当地民众可以更好地融入中国企业，获得更多的就业机会，从而提高自己的收入水平，实现脱贫致富。

其二，中文教育有助于提升东南亚当地民众的国际竞争力。在全球化的背景下，掌握一门外语已经成了一项必备的技能。而中文作为世界上使

---

① "鲁班工坊"：中国职教走向世界 [EB/OL]. [2020 - 09 - 29]. http：//www. moe. gov. cn/jyb_ xwfb/moe_ 2082/zl_ 2018n/2018_ zl34/201805/t20180522_ 336778. html.

用人数最多的语言之一，其在国际交流中的地位日益凸显。通过学习中文，东南亚当地民众可以更好地了解中国文化，增进与中国人的友谊，提高自己的国际竞争力。这对于他们在就业市场上脱颖而出，获得更好的发展机会具有重要意义。

其三，中文教育还有助于促进东南亚地区的经济发展。随着中国与东南亚国家经贸往来的不断加深，越来越多的中国企业选择在东南亚投资兴业。这为东南亚地区带来了大量的商机，也为当地民众提供了更多的创业机会。而掌握中文，正是他们抓住这些商机、实现创业梦想的关键。通过学习中文，东南亚当地民众可以更好地了解中国市场，把握商业机遇，为自己的事业发展奠定坚实基础。

其四，中文教育有助于加强中国与东南亚国家的文化交流。文化是一个国家的灵魂，也是民族凝聚力的重要来源。通过学习中文，东南亚当地民众可以更好地了解中国文化，增进对中国的了解和认同。这有助于拉近中国与东南亚国家人民的心理距离，促进双方在文化、教育、科技等领域的交流与合作，为推动地区和平与发展作出贡献。

总之，重视中文教育对东南亚当地民众的脱贫价值具有重要意义。通过学习中文，东南亚当地民众可以获得更多的就业机会，提升自己的国际竞争力，促进地区经济发展，加强中国与东南亚国家的文化交流。因此，我们应该继续加大对中文教育的投入和支持，为东南亚地区的脱贫事业作出更大的贡献。

（三）鲁班工坊视角下的东南亚职业中文教育差异化发展理念

1. *细分低端制造业的用工需求*

发展职业中文教育应考虑社会分工对中文人才的领域性需求。下文主要从性别因素以及外语技能的跨行业积累诉求两个角度讨论社会分工如何塑造不同类型的职业中文教学需求。

性别因素与职业中文教育的差异化发展。来自劳动经济学的研究表明，在低端制造业内部，不同企业在用工需求维度存在特定的性别偏好，如纺织业、化妆品工业以及玩具组装工业倾向于招聘女性员工，而建筑业、冶炼工业以及机械制造业倾于招聘男性员工。① 发展职业中文教育应尊重这一客观事实，关注性别因素对职业中文教学模式的影响机制。未来应采取差异化的发展思路，分别开发面向男性中文学习者与女性中文学习者的职业中文教学模式。

外语技能的跨行业积累诉求与职业中文教育的差异化发展。语言经济学相关研究表明，社会分工会促使个体的外语技能积累诉求出现跨行业差异：对于从事生产性工作的个体而言，其外语读写能力的积累诉求强于听说能力的积累诉求；② 对于从事交易性工作的个体而言，其外语听说能力的积累诉求强于读写能力的积累诉求。③④ 基于这一客观事实，可将职业中文教育分为面向生产性任务的职业中文教育与面向交易性任务的职业中文教育两类，前者可采取"读写优先，听说跟上"的教学思路，而后者则采取"听说优先，读写跟上"的教学思路。通过这种差异化教学思路，培养出符合特定行业需求的职业中文人才。

2. 优先满足海外中资机构的用工需求

东南亚是我国对外投资的主要地区之一。近年来，大批中资机构进军东南亚市场，开展商业活动，为当地创造了大量的就业岗位，为繁荣当地经济作出了不可磨灭的贡献。外籍员工的管理与培训已成为海外中资机构企业管理的重要任务之一。从公司管理的角度来看，外籍员工的专业知识技能与中文交际能力同等重要。前者是外籍员工完成工作任务的知识技能基础，而后者将直接决定外籍员工与中方管理人员的沟通效率。已有研究表明，招聘通晓中文的外籍员工能够有效提升海外中资机构的运营效率。⑤

---

① 彭国华. 技术能力匹配、劳动力流动与中国地区差距［J］. 经济研究，2015，50（1）：99-110.

② 潘昆峰，崔盛. 语言能力与大学毕业生的工资溢价［J］. 北京大学教育评论，2016，14（2）：99-112+190.

③ 赵颖. 语言能力对劳动者收入贡献的测度分析［J］. 经济学动态，2016（1）：32-43.

④ 程红，刘星滟. 英语人力资本与员工工资——来自2015年"中国企业—员工匹配调查"的经验证据［J］. 北京师范大学学报（社会科学版），2017（1）：34-50.

⑤ 王海兰，宁继鸣. 基于个体语言技能资本投资特性的语言传播规律分析［J］. 社会科学辑刊，2014（3）：95-100.

为提升外籍员工的培训效率，海外中资机构纷纷采取"中文培训＋岗位技能培训"的培训思路，开展外籍员工的入职培训。① 鉴于此，发展东南亚职业中文教育首先可关注当地中资机构的用工需求，因地制宜地制定外籍员工的职业中文教育课程。鲁班工坊可与孔子学院开展深度合作，在精准把握当地中资机构用工需求的前提下，采取"技术教学靠工坊，语言教学靠孔院"的办学思路，为当地中资机构培养一批"懂中文、精技术"的高素质外籍员工队伍。

3. 重视地缘政治因素对职业中文教育发展的影响

发展东南亚职业中文教育还应考虑地缘政治因素的影响。当代中文国际传播实务表明，地缘政治对中文国际传播有可能带来机遇，但也有可能带来风险。② 和谐且稳定的地缘政治环境可为职业中文教育发展提供良好的政治和社会生态，从而推动职业中文教育在当地良性发展。与之相反，不友好甚至敌对的地缘政治关系则会抑制、阻碍，甚至禁止职业中文教育在当地发展。

鉴于此，及时、精准把握东南亚各国对华态度，提升中方对东南亚国家涉华舆情研判的准确率，从而保障东南亚职业中文教育发展政策的科学性。未来可采取舆情监控的思路，开展系统的实证研究，实时追踪并测算东南亚各国的对华政治态度。舆情监控是对互联网上网民言论与观点进行实时监视并测算其倾向的一种研究方法，涉及舆情抓取、舆情分类、舆情主题测算以及舆情情感态度计算四大环节。③ 基于测算结果，将东南亚相关国家分为"低风险国家"与"高风险国家"两类：对于"低风险国家"，中方可稳步推进当地职业中文教育建设；对于"高风险国家"，则需树立风险管控意识，慎重考虑是否面向相关国家发展职业中文教育。

---

① 王海兰.语言的多层级经济力量分析 [J].理论学刊，2015 (5)：54－60.

② 郭晶，吴应辉.大变局下汉语国际传播的国际政治风险、机遇与战略调整 [J].云南师范大学学报（哲学社会科学版），2021，53 (1)：46－53.

③ 王飞跃.社会信号处理与分析的基本框架：从社会传感网络到计算辩证解析方法 [J].中国科学：信息科学，2013，43 (12)：1598－1611.

三、当地政府视角下的东南亚职业中文教育发展理念

在发展东南亚职业中文教育的过程中，当地政府需承担主要责任。当地政府有义务通过非营利性教育机构向民众提供优质的职业中文教育产品，为本国培养大量的复合型中文人才。相比其他东南亚国家，泰国职业中文教育发展较为成熟，对相关国家发展职业中文教育建设具有一定的参考价值。下文将首先介绍泰国职业中文教育，随后立足当地政府，论述职业中文教育的发展理念。

（一）典型案例分析：泰国职业中文教育

1. 提供政策保障

泰国政府是推动泰国职业中文教育发展的核心力量。2005 年泰国教育部颁布《泰国促进中文教学以提高国家竞争力的战略规划 2006—2010》，该文件明确规定，"提升中文教育在职业教育体系中的地位，政府将通过财政拨款，建立公立职业技术院校的中文教育体系"。2014 年泰国教育部颁布了《中文教学改革规划》，该文件进一步强调，"泰国在纺织业、钢铁冶炼工业、橡胶工业以及旅游业与中国存在密切的合作关系，与上述领域相关的职业教育，应将中文课列为'必修课'"。[①] 上述政策发挥着"指挥棒"的作用，成功推动中文教育融入了泰国的职业技术教育体系。

2. 提供机构保障

2003 年泰国教育部整合多方资源，成立"泰王国职业教育委员会"，管理泰国境内所有的公立职业学校。职业教育委员会包括十个子部门，分别为合作办公室、主任办公室、教育政策规划局、教育质量监测评估局、教师培训办公室、职业与专业标准局、财务审计组、职业教育发展研究所、督导办公室以及系统管理办公室。为了兼顾各个区域的经济发展特点，职业教育委员会将全国分为中央区（曼谷）、东北大区、南大区、北大区以及

---

① 陈艳艺. 泰国汉语教育现状及规划研究［M］. 广州：世界图书出版广东有限公司，2016：101 – 103.

中大区，共五大区域，分别成立了区域职业发展中心，制定迎合当地实际情况的职业中文教育发展战略。[①]

3. 结合本国国情，制定职业教育政策

"庞大的青壮年人口总量、以劳动密集型产业为主导的经济发展模式以及尖锐的贫富对立，是泰国的基本国情。"[②] 这一国情直接决定了泰国的职业技术教育以及职业中文教育本质上属于"扶贫教育"。因此，为突出职业中文教育的"公益"性质，泰国职业教育委员会主要围绕以下两个维度布局本国的职业中文教育。一是强调教育经费的公平分配原则。泰国前总理巴育指出，"职业教育是'公平教育'，教育经费的分配应强调公平原则"。[③] 职业教育委员会高度重视不同区域教育经费的均衡分配问题。曼谷、清迈等地经济相对发达，职业教育经费主要由当地政府供给，中央政府仅起辅助作用。泰国北部经济落后，仅靠当地财政难以保证职业教育质量，职业教育经费主要来自中央政府的直接拨款。通过这一举措，保证泰国全境的公立职业院校均有充足的经费发展职业中文教育。二是凸显中文教育的"增收效应"。中国是泰国最大贸易伙伴，其中低附加值工业制成品是泰国出口创汇的拳头产品。为使底层人民也能享受到这一贸易红利，职业教育委员会制定了以低端制造业为产业依托，以"职业技术教育 + 中文教学"为实现模式，将大量劳动人口引入本国"朝阳产业"，实现发展成果全民共享。

4. 中文教育与职业道德教育并重

重视职业道德教育是泰国职业中文教育的一个典型特征。泰国职业道德教育包含三大基本原则。一是敬业原则，敬业原则要求劳动者热爱自己所从事的职业。敬业是所有职业道德的核心规范，是劳动者的职责，也是

---

① 杜英俊，杨满福. 泰国职业教育发展概况及启示 [J]. 当代职业教育，2018（5）：107 - 112.

② 张振. 藩篱与跨越：社会公平视域下的东盟职业教育发展 [J]. 比较教育研究，2020，42（3）：19 - 26.

③ 杜英俊，杨满福. 泰国职业教育发展概况及启示 [J]. 当代职业教育，2018（5）：107 - 112.

个人成才的内在要求。二是守信原则。每一名从业者应严格遵守国家法律与本职工作的纪律，工作过程中应做到实事求是、信守诺言。三是公正原则。劳动者在工作过程中，要站在公正的立场上，按照同一标准处理工作中所面临的各项事务。根据中华人民共和国商务部境外商务风险数据库的资料，在东南亚地区，中资机构对泰国以及新加坡雇员的信任度最高（泰国 95；新加坡 94），远高于其他东南亚国家（马来西亚 85；缅甸 80；老挝69；柬埔寨 65；菲律宾 53；印度尼西亚 51；越南 50）。由此可见，泰国采取中文教育与职业道德教育并重的人才培养思路，培养了一批"懂中文、精业务、对雇主忠诚"的复合型中文人才，为中泰两国深化经贸领域的合作奠定了坚实的信任基础。

（二）中文输入国视角下的职业中文教育发展理念

1. 重视政府的主导作用

理论上讲，营利性机构与非营利性机构均可向社会提供职业中文教育，但泰国在建设本国职业中文教育体系的过程中，始终坚持"政府主导"的原则：建立职业教育委员会，统筹并领导全国的职业中文教育，保证本国低收入人口可通过职业技术教育这一平台学习中文。参考泰国的成功经验，构建东南亚职业中文教育体系应重视政府的主导作用。重视政府的主导作用，应做到如下两点。一是坚持当地政府优先。提升国民科学文化素养是主权国家政府理应承担的职责，东南亚各国政府有义务通过职业教育系统向本国国民提供职业中文教育产品，保证中低收入阶层也能接受职业中文教育。二是培养中文人才与维护文化主权并重。母语文化是国家得以维系的精神支柱，也是国家政权得以建立和巩固的思想基石，在推广职业中文教育的过程中，东南亚各国政府需维护本国母语文化在社会生活中的统治性地位。

2. 实现职业道德教育与职业中文教育的融合

中华人民共和国商务部曾于 2019 年系统调查了海外中资机构所面临交易纠纷的国别分布情况。调查结果显示，东道国的经济发展模式与交易纠纷数量密切相关。2019 年海外中资机构共遭遇 13451 起交易纠纷，其中 87.3% 的交易纠纷发生在"资源—人力"导向型经济体，而发生在"资源"导向型经济体以及"资本—技术"导向型经济体的交易纠纷占比分别为 7.9% 和 4.8%。"资源—人力"导向型经济体是劳务纠纷的高发区。① 这一现象启示我们，面向"资源—人力"导向型经济体的职业中文教育需高度重视职业道德教育，应将职业道德教育摆在与中文教育、专业知识教育同等重要的地位。

其一，重视职业道德教育有助于提升中资机构对东南亚八国的投资信心。信誉是国际贸易得以顺利进行的前提。东南亚八国发展潜力巨大，但当地劳工普遍存在契约精神淡薄的问题，这会严重影响中资机构对当地的投资信心。职业道德教育可有效提升当地劳工的职业道德水平，降低中资机构对相关国家的投资疑虑，提升中资机构对当地的投资意愿。

其二，重视职业道德教育有助于实现中国文化教育与职业中文教育的良性互动。语言是文化的载体，任何语言都不能脱离文化而独立存在；语言教学与文化教学应是共生关系，而非排斥关系。②③ 笔者在此提出以"儒家五常"（"仁、义、礼、智、信"）为核心教学内容，结合当地用工需求，编写适用于低端制造业的《职业中文文化教学大纲》，实现中国传统文化与职业道德教育的深度融合。在落实职业道德教育的同时，潜移默化地实现中国文化的传播。

---

① "资源"导向型经济体对华出口的主要产品为矿产品，矿产品生产具有"低技术含量、低附加值"的特征，此类产品奉行"先验货，再定价"的交易原则，这种交易模式可有效降低交易纠纷的发生概率；"资本—技术"导向型经济体主要为发达国家，相关国家往往具备完善的法律体系可有效降低交易纠纷的发生概率；与上述两种经济体相比，"资源—人力"导向型经济体处于工业化初级阶段，这一阶段容易出现腐败频发、贫富两极分化以及社会道德滑坡等现象，中国与相关经济体进行贸易往来极易发生交易纠纷（金灿荣，2019；陈平，2019）。

② 李泉. 论专门用途汉语教学 [J]. 语言文字应用，2011（3）：110 – 117.

③ 刘晶晶. 东南亚汉语传播现状、困境与展望 [J]. 沈阳师范大学学报，2020，44（2）：123 – 128.

本章小结

低端制造业为东南亚八国的支柱产业。面向低端制造业培养合格的产业工人是东南亚八国进行教育投资的主要目的之一。发展东南亚八国经贸领域中文教育应以低端制造业为产业依托，以职业技术院校为教学机构依托，发展职业中文教育。在发展东南亚职业中文教育的过程中，我们应区分中方与当地政府在职业中文教育发展理念上的差异。从中方角度来看，以鲁班工坊为载体，发展当地职业中文教育，根本目的在于满足当地中资机构的用工需求。因此，中方对当地职业中文教育承担部分责任。从当地政府的角度来看，提升国民的科学文化素质是一个主权国家的职责所在，当地政府应对职业中文教育承担主要责任，应尽其所能为本国国民提供高质量的职业中文教育产品。

第五章
韩日两国经贸领域中文教育发展路径研究

韩日两国拥有雄厚的产业资本、庞大的工程师红利以及先进的制造业技术。上述要素禀赋决定了高端制造业为两国的主导产业。高端制造业不仅会影响两国的经济发展模式，还会影响其教育投资逻辑。研究韩日两国经贸领域中文教育的发展方向，首先需分析韩日两国教育经费的分配模式，在此基础上，归纳出韩日两国的教育投资逻辑。随后结合实证研究结论，提炼出韩日两国经贸领域中文教育的发展模式——"资本—技术"驱动模式。基于"资本—技术"驱动模式，讨论当地高等院校与大型企业的发展经贸领域中文教育发展方向。此外，韩日两国深陷少子化泥潭，发展两国的经贸领域中文教育还应重视少子化对经贸领域中文教育的潜在影响。

一、"资本—技术"驱动：韩日两国经贸领域中文教育发展模式

本部分首先梳理韩日两国教育经费的分配模式，以期了解韩日两国的教育投资逻辑。在此基础上，结合实证研究结论提炼出韩日两国经贸领域中文教育发展模式——"资本—技术"驱动模式。

（一）韩日两国教育经费的分配模式

以 2019 年的数据为例，韩日两国教育经费的分配模式存在如下三点特征：

1. 基础教育投资规模较为可观

2019 年，韩国在基础教育领域的投资总额为 153.50 亿美元，占教育投

资总额的 31.2%，投资规模仅次于高等教育。中小学教育投资总额为 103.33 亿美元，占基础教育投资总额的 67.32%。幼儿教育投资总额为 50.17 亿美元，占基础教育投资总额的 32.68%。2019 年，日本在基础教育领域的投资总额为 626.82 亿美元，占教育投资总额的 33.7%。中小学教育投资总额为 426.99 亿美元，占基础教育投资总额的 68.12%。幼儿教育投资总额为 199.83 亿美元，占基础教育投资总额的 31.88%。①

2. 职业技术教育投资规模相对有限

职业教育投资规模相对有限，投资领域主要围绕"消费升级"这一概念展开。2019 年，韩国职业教育经费总额为 86.59 亿美元，占本国教育经费总额的 17.6%，投资领域主要集中于机电维修（30.31 亿美元）、餐饮服务（18.18 亿美元）、美容美发（17.32 亿美元）、批发零售（16.45 亿美元）以及文化娱乐（4.33 亿美元）五大领域。类似的现象也存在于日本。2019 年，日本职业教育经费总额为 284.59 亿美元，占本国教育经费总额的 15.3%，投资领域主要集中于餐饮服务（99.61 亿美元）、美容美发（59.76 亿美元）、机电维修（56.92 亿美元）、批发零售（54.07 亿美元）以及文化娱乐（14.23 亿美元）。②

3. 高等教育经费充足且存在"重理工，轻人文"的趋势

2019 年，韩国高等教育经费总额为 251.91 亿美元，占本国教育经费总额的 51.2%，其中理工类专业的经费总额为 179.61 亿美元，而人文社科专业的经费总额仅为 72.30 亿美元。进一步分析各专业的经费分配比例，发现 93.7% 的理工科教育经费流向了数学、物理、化学、计算机、生物工程、材料工程以及机械工程七大专业，而 57.9% 的人文社科经费流向了经济学与法学。类似的现象也存在于日本。2019 年，日本高等教育经费总额为

---

① 日本文部省日本国教育信息数据库 ［DB/OL］．［2020 – 10 – 05］．https：//www.mext.go.jp/en/publication/statistics/index.htm；韩国教育部韩国教育信息数据库 ［DB/OL］．［2020 – 10 – 05］．http：//english.moe.go.kr/sub/info.do？m = 050101&page = 050101&num = 1&s = english.

② 日本文部省日本国教育信息数据库 ［DB/OL］．［2020 – 10 – 05］．https：//www.mext.go.jp/en/publication/statistics/index.htm；韩国教育部韩国教育信息数据库 ［DB/OL］．［2020 – 10 – 05］．http：//english.moe.go.kr/sub/info.do？m = 050101&page = 050101&num = 1&s = english.

952.33 亿美元，占本国教育经费总额的 51%，其中理工类专业经费总额为 716.15 亿美元，而人文社科专业的经费总额仅为 236.18 亿美元。进一步分析各专业的经费分配比例，发现 90.2% 的理工科经费集中于数学、物理、化学、计算机、生物工程、材料工程以及机械工程七大专业，而 71.9% 的人文社科经费集中于经济学、法学以及政治学。①

为高端制造业培养大量从业人员是韩日两国进行教育投资的目的之一。为此，韩日两国将教育经费主要集中于基础教育和高等教育。通过基础教育培养国民的基本科学文化素养，通过高等教育对国民的劳动技能进行"深度赋值"，培养高端制造业所需的专业人才。相比人文社科类人才，高端制造业对理工类人才需求旺盛。因此，两国的高等教育经费主要流向理工类专业，而非人文社科类专业。

（二）"资本—技术"驱动模式

韩日两国经贸领域中文教育的发展模式可被概括为"资本—技术"驱动模式。图 5 - 1 为这一模式的示意图。资本、技术以及高端劳动力为韩日两国的富集要素，而自然资源与廉价劳动力为韩日两国的贫乏要素。这种要素禀赋结构促使韩日两国将高端制造业作为本国的支柱产业，因此高附加值工业制成品是韩日两国主要对华出口产品。为充分发挥本国的相对比较优势，上述国家应最大限度地扩充高端制造业的中文人才储量。为此，韩日两国可制定如下中文教育发展策略：构建以基础教育、高等教育以及企业员工教育为核心的中文教育体系。其中高等院校与大型企业应关注高端制造业对中文人才的领域性需求，开发相应中文课程，为本国培养复合型中文人才。韩日两国深陷"少子化"泥潭，两国日益萎缩的青壮年人口总量难以为经贸领域中文教育的可持续发展提供稳定、可靠的人口基础。因此，在培养复合型中文人才的过程中，两国应重视少子化对经贸领域中文教育发展的潜在影响（见图 5 - 1）。

---

① 日本文部省日本国教育信息数据库 [DB/OL]. [2020 - 10 - 05]. https：//www. mext. go. jp/en/publication/statistics/index. htm；韩国教育部韩国教育信息数据库 [DB/OL]. [2020 - 10 - 05]. http：//english. moe. go. kr/sub/info. do？ m = 050101&page = 050101&num = 1&s = english.

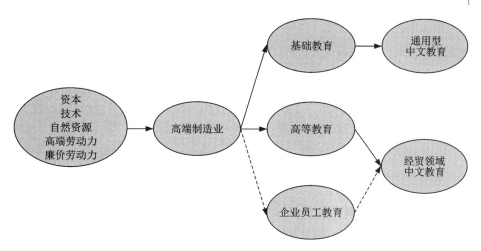

图5-1　"资本—技术"驱动模式

根据"资本—技术"驱动模式，发展韩日两国经贸领域中文教育需把握以下两个要点：一是立足高等院校与大型企业，开发相应的经贸领域中文课程，为两国高端制造业培养复合型中文人才；二是规避少子化对经贸领域中文教育的负面影响。下文将分别围绕以上两个要点，讨论韩日两国经贸领域中文教育的发展方向。

二、职前中文教育与入职中文培训并重的发展思路

高端制造业对从业人员的专业知识水平要求较高，这使得高端制造业的人才培养周期明显长于其他行业。以个人是否入职为界，可将这一产业的人才培养周期分为职前培养阶段与入职培训阶段。下文将分别讨论经贸领域中文教育在职前培养阶段与入职培训阶段的实现方式。

（一）职前培养阶段：实现中文教育与高等教育的融合

当前，中文教育逐步融入了韩日两国的高等教育体系，具体体现在以下三个方面：

一是中文课程在高等教育系统中的普及率稳步提升。20世纪80年代，韩国全国仅有国立汉城大学、韩国外国语大学以及成均馆大学三所高校开设中文课程。进入21世纪，随着中韩两国在经济、文化、科技等领域来往日益密切，韩国高校纷纷开设中文课程。截至2019年，韩国共有196所高

等院校，其中 126 所院校开设中文课程，占韩国高校总数的 64.29%。① 20 世纪 70 年代，日本全国仅有东京大学、京都大学、名古屋大学、大阪大学、东北大学、九州大学以及北海道大学七所国立院校②开设中文课程。到了 2019 年，日本 786 所高等院校（含国立、私立两类）中，共有 526 所高校开设了中文课程，占本国高校总数的 66.92%。③

二是高等中文教育体系初现。韩日两国的大学中文课程可分为三类：（1）针对中文专业学生开设的中文专业课程，此类课程不仅包括中文语言能力的训练，同时也包括中国历史、中国文化、中国政治以及中国文学等领域的课程；（2）针对非中文专业在读学生开设的公共中文课程，韩日两国的高校均将英语作为第一外语，除去英语，学生还可在中文、德语、法语等语言中选修一门外语，即所谓的"公共外语教育"④；（3）孔子学院所开设的中文课程。目前韩国共有 23 所孔子学院，日本共有 15 所孔子学院。孔子学院不仅向两国大学生免费提供形式多样的中文课程，还会定期举办中文演讲比赛、书法比赛、歌咏比赛以及中国民族民间舞蹈展演等活动，是两国大学生了解中国文化的窗口。

三是关注复合型中文人才的培养。中国已成为韩日两国最大的贸易伙伴，近来韩日两国对复合型中文人才的需求急剧增加。为顺应这一时代需求，两国高校纷纷出台相关政策，培养复合型中文人才。韩国 126 所开设中文课程的院校中，已有 87 所院校规定经济学、法学（商法、国际法方向）以及计算机（中文信息处理方向）专业的学生需将中文作为本专业必修的

---

① 韩国教育部韩国教育信息数据库［DB/OL］．［2020 - 10 - 05］．http：//english. moe. go. kr/sub/info. do？m = 050101&page = 050101&num = 1&s = english.

② 上述院校也被称为"国立七院校"是日本政府于 19 世纪末至 20 世纪初陆续建立的七所国立大学，代表着日本国立高等教育的最高水平。

③ 日本文部省日本国教育信息数据库［DB/OL］．［2020 - 10 - 05］．https：//www. mext. go. jp/en/publication/statistics/index. htm.

④ 龚献静．日本高校"一带一路"沿线国家语言文化教学与研究现状考察［J］．外语教学与研究，2016，48（5）：755 - 764.

"公共外语"科目。①② 日本"国立七院校"采取学分抵消的策略，"柔性"引导非中文专业学生学习。上述院校规定，市场营销、国际贸易、商法、计算机以及机械工程专业的学生选修"中国语基础"可抵消两门专业选修课的学分。③④

　　韩日两国初步实现了中文教育与高等教育的融合。通过多元供给渠道，向本国大学生提供多种中文课程，为中文在两国高等院校中的传播奠定了坚实的基础。然而，韩日两国在实现中文教育与高等教育融合的过程中，其中文学习群体存在明显的专业分化现象——学习中文的大学生主要集中于人文社科类专业，理工类专业大学生中文学习人数较少。2015 年至 2019 年，韩国十大高校⑤将中文作为第二外语进行学习的非中文专业在校大学生共有 18350 人，其中 94% 的在校大学生来自人文社科类专业，而理工类专业的在校大学生仅占 6%。类似的现象也存在于日本，2015 年至 2019 年，日本"国立七院校"将中文作为第二外语进行学习的非中文专业在校大学生共有 16740 人，其中 98.15% 的在校大学生来自人文社科类专业，而理工类专业的在校大学生仅占 1.85%。⑥

　　三星电子人力资源部负责人金尚勇指出：三星电子在招聘中文人才的过程中，同时存在人才饱和与人才短缺的问题；非技术类岗位对中文人才的需求趋近饱和，而技术类岗位对中文人才的需求较为旺盛。高端制造业往往能为理工类人才提供大量的就业岗位，而为人文社科类人才提供的岗位相对有限。当前中国已与韩日两国在信息工程、生物工程、材料科学、机械制造等领域进入产业协作时代，韩日两国企业对"中文 + 工程技术"

　　① 刘继红. 当代韩国汉语教育发展分析 [J]. 黑龙江高教研究，2005（3）：158 – 160.

　　② 焦毓梅，于鹏. 韩国汉语教育现状分析及发展前瞻 [J]. 长江学术，2010（3）：137 – 142 + 161.

　　③ 侯红玉. 日本高中汉语教育研究 [J]. 海外华文教育，2016（5）：618 – 623.

　　④ 郭春贵. 日本汉语教育的突破口 [J]. 国际汉语教学研究，2014（3）：4 – 5.

　　⑤ 韩国十大高校分别为首尔大学、延世大学、成均馆大学、高立大学、庆熙大学、汉阳大学、西江大学、中央大学、梨花女子大学以及釜山大学。

　　⑥ 日本文部省日本国教育信息数据库 [DB/OL]. [2020 – 10 – 05]. https：//www. mext. go. jp/en/publication/statistics/index. htm.

类人才需求迫切。然而，韩日两国高校所培养的中文复合型人才主要集中在人文社科领域，这种中文人才供给格局难以满足相关企业的用工需求。为解决中文人才的"结构性失衡"问题，韩日两国高校未来可关注理工科专业大学生的中文教育，出台多重措施鼓励理科生学习中文。具体而言，应做到如下三点：一是建立奖学金制度，对中文学习成绩优异的理工科大学生进行物质奖励，使其意识到，即使处于在校学习阶段，学习中文也能获得相对可观的"经济收益"；二是推广学分抵消制度，提升中文学习的"性价比"，相关高校可参考日本"国立七院校"的学分抵消制度，若理工科大学生将中文作为选修外语课，可自动抵消个别专业选修课的学分，提升中文学习的"性价比"；三是善用就业推荐制度，凸显中文的"就业价值"。韩日两国高等院校可搭建起学生与企业之间的"桥梁"，畅通复合型中文人才的就业渠道，保障复合型中文人才的就业质量。

（二）入职培训阶段：实现中文教育与员工培训的融合

重视员工培训是韩日两国大型企业的一个典型特征。两国大型企业的员工培训体系可被分为"管理能力教育"与"职业技能教育"两类。前者面向不同层级的管理干部，培养员工管理能力，后者面向新招基层员工，培养员工在特定领域的职业技能。[①] 与本研究密切相关的中文技能培训属于职业技能教育范畴，其中韩国三星结合自身用工需求，开发出一套行之有效的企业中文培训模式——"三星模式"。"三星模式"在两国企业界影响较大，诸多大型企业，如乐天、SK、东芝以及松下，纷纷向三星派出观摩团，学习三星的培训思路，构建出符合本公司需求的中文培训模式。下文将以韩国三星集团的中文教育模式为典型案例，进行简要介绍。

三星人力开发院是韩国三星集团的人才培养基地。20 世纪 90 年代，三星集团便意识到培养大量复合型中文人才对三星集团的发展具有重大的战略意义，委托三星人力开发研究院对本公司员工进行中文培训。"三星模式"的培训具有如下特点：

---

① 雷莉. 韩国三星集团的汉语教学 ［J］. 世界汉语教学，2006（1）：122 – 126.

中文培训具有强制性。由上文可知，韩国高校所培养的复合型中文人才主要集中于人文社科领域，而理工类专业中文人才储量相对有限。为解决这一问题，三星人力开发院规定，与中国存在密切业务往来的部门，相关职员必须参加中文培训。与此同时，中文培训成绩被纳入员工 KPI 核算体系，而 KPI 则与员工薪资以及升迁机会直接挂钩。上述强制性措施，有效调动了理工类专业人才学习中文的积极性，一定程度优化了三星内部中文人才的专业分布结构。[①]

半军事化管理模式。三星人力开发院奉行半封闭式管理模式，周一至周五，所有学员需集中住在宿舍里，无特殊情况学员不得离院。人力开发院制定了严格的"学员准则"，详细规定了学员需遵守的规章制度。学员在接受培训期间，一旦违反相关规章制度，直接开除。人力开发院管理办公室 24 小时值班，以便处理突发事件。人力开发院的每间教室、走廊以及办公室均装有监视器，以便随时掌握学员和老师的情况。[②]

以"针对性"为核心理念，开发中文教材。三星集团旗下三星电子、三星生命以及三星钢铁三大子公司与中国存在密切的贸易往来，对复合型中文人才需求迫切。人力研究院分别立足信息工程、生物工程以及机械制造三大领域开发相应中文教材，满足特定领域中文的教学需求。以面向三星电子员工所开发的《信息工程中文》为例，该教材分别以项目规划、工业设计、质量检测以及市场营销四大话题为教学内容，训练员工在真实场景下的中文交际能力。如在电子产品设计场景，教材要求学员分别扮演三星电子以及深圳富士康的企业负责人，双方将围绕生产技术、生产标准、产品定价以及交货期限等内容进行中文交际训练。[③]

赏罚分明的师资评估制度。为保证教学质量，开发院建立了以"末位

①　林新奇．日本企业员工培训的组织保障［J］．经济与管理研究，2006（10）：53 – 57.
②　刘士勤．论韩国大企业的汉语教学特点［J］．海外华文教育，2012（3）：246 – 253.
③　雷莉．韩国三星集团的汉语教学［J］．世界汉语教学，2006（1）：122 – 126.

淘汰制"① 与"首位奖励制"为核心的师资评估制度。教师的"末位"与"首位"均与教师绩效有关。教师绩效主要由学生考试成绩、学生评定成绩以及主管领导评定成绩三大部分组成,其中学生考试成绩权重最大,其次为学生评定成绩,主管领导评定权重最小。每年年底,开发院将对所有中文教师的绩效进行排名,排名处于倒数3%的外语教师将会被淘汰,空出的名额将会通过社会招聘,选取合格的继任者担任。排名处于前3%的中文教师将会得到丰厚的物质奖励。"末位淘汰制"与"首位奖励制",最大限度地激发了教师的教学热情,保证了教学质量。

以 SCST 考试为核心的学员评价体系。三星人力开发院参考美国的 OPI(Oral Proficiency Interview)测试,开发出 SCST(Samsung Chinese Speaking Testing)。SCST 将中文口语能力分为初级、中级、高级以及超高级四个等级。SCST 测试从以下三个维度评价学员的中文口语表达能力。一是交际任务难度。初级无场景交际需求,学员只需完成日常基本的交际任务;中级则需立足普通业务场景,学员应能够发起并维持一段简单场景对话;高级需立足专业业务场景,能够发起并维持一段专业场景对话;超高级要求在高级的基础上,能够使用修辞技巧与中国人进行沟通交流。二是语言要素掌握水平。SCST 测试从语音、汉字、语法、词汇以及话语得体性五个维度,界定不同等级的中文教学应涉及哪些语言要素知识。三是受试者能够完成的口语复杂度。口语复杂度主要与学员的话语数量以及语句复杂度有关,即从"单句交际"(初级)到"复句交际"(中级),再到"段落、篇章交际"(高级、特高级)。此外,SCST 测试还对学员的学习进度以及毕业标准进行了精准界定。具有人文社科专业背景的员工需进行为期四个月的中文强化训练,强化训练一个月后,学员应达到中级水平,强化训练两个月后,学员应达到高级水平,毕业时需达到超高级水平。具有理工专业背景的员

---

① 末位淘汰制是绩效考核的一种制度。末位淘汰制是指工作单位根据本单位的总体目标和具体目标,结合各个岗位的实际情况,设定一定的考核指标体系,以此指标体系为标准对员工进行考核,根据考核的结果对得分靠后的员工进行淘汰的绩效管理制度。

工需进行为期五个月的中文强化训练，强化训练一个月后，学员应达到初级水平，强化训练两个月后，学员应达到中级水平，毕业时学员应达到高级水平。

三、面向少子化社会的经贸领域中文教育发展思路

从人口学的角度来看，一国非老龄化人口总量将直接影响该国受教育人口总量，而受教育人口总量将直接影响该国的外语学习人口总量。发展韩日两国的经贸领域中文教育还应将少子化这一因素考虑进来。本节首先论述少子化对语言国际传播的负面影响，随后提出面向少子化社会的经贸领域中文教育发展思路。

（一）少子化对语言国际传播的负面影响

少子化是指人口出生率下降，幼年人口逐渐减少的现象。[1] 少子化这一社会问题普遍存在于发达国家，发达国家社会开放程度较高，年轻人工作压力较大，常常错过结婚生子的最佳时间段。[2] 此外，高昂的育儿成本也会抑制年轻人的育儿意愿。[3] 日韩两国分别于 1980 年（日本）以及 1996 年（韩国）步入少子化社会。为解决少子化这一社会问题，两国政府纷纷出台相关政策鼓励民众生育。如 1994 年日本厚生劳动省出台了"天使计划"，这一政策围绕生育补贴、儿童教育补贴以及产妇再就业三大领域释放多重利好政策，鼓励年轻人生育。2003 年，日本制定了《少子化社会对策基本法》，全面提升生育政策的法律约束效力。考虑到日本企业在招聘领域存在严重的"性别歧视"以及"产妇歧视"的问题，《少子化社会对策基本法》规定"企业必须承担鼓励生育的责任。企业在招聘过程中若存在性别歧视

<hr />

① 敖荣军，刘松勤. 人口流动与产业集聚互动的机制与过程——理论解读及经验证据［J］.湖北社会科学，2016（6）：80 - 85.

② 王彦军，刘强. 日本人口少子化对学校教育经费影响的研究［J］. 现代日本经济，2020（5）：40 - 54.

③ 敖荣军，刘松勤. 人口流动与产业集聚互动的机制与过程——理论解读及经验证据［J］.湖北社会科学，2016（6）：80 - 85.

以及产妇歧视的倾向，政府可采取强制性就业的手段，强制企业雇佣女性员工，保障女性就业权利"。① 2005 年，韩国制定了《低生育率和人口老龄化基本法》，法律强调政府应通过个税减免、生育补贴、教育补贴以及医疗补贴，全面降低韩国国民的育儿成本，保障公民的基本生育权。②

然而，上述鼓励政策收效并不理想。2000 年至今，两国人口平均增长率均为负值，特别是 40 岁以下人口总量均呈现出逐年萎缩的趋势。2000 年至 2019 年，日本人口的年平均增长率为 -0.08‰，其中 40 岁以下人口从 2000 年的 5700 万人，减少至 2019 年的 5376 万人。③ 韩国人口的年平均增长率为 -0.04‰，其中 40 岁以下人口从 2005 年的 2376 万人，减少至 2019 年的 2233 万人。④ 从语言传播的角度来看，语言传播归根结底在于个体对语言的学习与使用，其中受教育人口是外语学习的主要群体，是语言传播的"主力部队"。当一国步入少子化社会，其受教育人口总量往往处于逐年萎缩状态，最终压缩外语学习的人口总量。日本文部省以及韩国教育部于 2004 年预测了未来 30 年两国外语学习人口的发展趋势。预测结果表明，未来 30 年两国英语学习人口会出现逐年下降的趋势。中文、法语以及德语的学习人口将遵循"先升后降"的发展趋势，其中中文与法语的"人口拐点"将出现在 2029 年，而德语的"人口拐点"将出现在 2030 年。在"人口拐点"之前，上述语言的学习人口均处于递增区间，而越过"人口拐点"后，上述语言的学习人口也将陆续进入递减区间。

现有数据支持上述预测结果。2005 年至 2019 年韩国受教育人口总量与英语学习人口总量的发展趋势相同，2005 年韩国在校学生人口为 728 万，

---

① 王彦军，张佳睿. 日韩应对人口老龄化对策的经验及启示 [J]. 人口学刊, 2015, 37 (6)：76 – 84.

② 王彦军，张佳睿. 日韩应对人口老龄化对策的经验及启示 [J]. 人口学刊, 2015, 37 (6)：76 – 84.

③ 日本厚生劳动省劳动人口数据库 [DB/OL]. [2020 – 10 – 14]. https：//www. mhlw. go. jp/toukei_ hakusho/toukei/.

④ 韩国统计局大韩民国人口数据库 [DB/OL]. [2020 – 10 – 14]. http：//kostat. go. kr/portal/eng/resources/1/index. static.

英语学习人口为 697 万。2019 年韩国在校学生人口降至 675 万，而英语学习人口也随之降至 608 万。① 类似的现象也存在于日本，2005 年日本受教育人口总量为 1668 万，而英语学习人口为 1501 万。2019 年日本在校学生人口降至 1466 万，而英语学习人口总量也随之降至 1319 万。② 在韩日两国的外语教育系统中，英语为第一外语，英语学习人口与受教育人口存在强耦合关系。韩日两国均已进入少子化社会，受教育人口逐年下降，两国英语学习人口会出现逐年下降的趋势。

当前韩日两国中文学习人口仍处于递增区间。2005 年韩国中文学习人口为 11578，而到了 2019 年这一数值增长至 210350。2005 年日本中文学习人口总量为 1034，而到了 2019 年这一数值增长至 75248。中文虽然已融入两国的国民教育体系，但其学习人口远少于英语，是一门正处于推广阶段的外语。随着中韩、中日经济、文化以及科技等领域的合作愈发频繁，短时间内，韩日两国中文学习人口仍处于一种稳步增长的态势。然而，少子化在韩日两国已不可逆转，长远来看，两国出现中文学习人口的"拐点"是大概率事件。为此，在发展两国经贸领域中文教育的过程中，应将少子化这一因素考虑进来，防范未来出现的中文学习人口"拐点"。

（二）立足"大都市圈"，发展经贸领域中文教育

韩日两国人口总量虽然呈现出逐年下降的趋势，但在大都市圈内，两国人口却出现了明显的聚集现象。日本人口主要集中于东京都市圈、大阪都市圈以及名古屋都市圈。2019 年，三大都市圈常住人口总量为 1.03 亿，占全国人口总量的 82.47%。其中东京都市圈包含东京都、神奈川县、千叶县、埼玉县、茨城县、栃木县以及群马县，常住人口为 4542 万。大阪都市圈规模仅次于东京都市圈，包含大阪府、京都府、兵库县、奈良县、滋贺

---

① 韩国统计局大韩民国人口数据库 [DB/OL]. [2020 - 10 - 14]. http：//kostat. go. kr/portal/eng/resources/1/index. static.

② 日本厚生劳动省劳动人口数据库 [DB/OL]. [2020 - 10 - 14]. https：//www. mhlw. go. jp/toukei_ hakusho/toukei/.

县以及歌山县，常住人口为 3091 万。名古屋都市圈包含名古屋、爱知县、岐阜县以及三重县，常住人口为 2665 万。① 与日本相比，韩国人口分布更为集中。该国 92.1% 的人口集中于"首尔—仁川"都市圈以及釜山都市圈。"首尔—仁川"都市圈包含首尔、仁川、春川以及世宗，常住人口总量为 2810.56 万。釜山都市圈包含釜山、大邱以及蔚山，常住人口总量为 1956.53 万。②

立足"大都市圈"发展经贸领域中文教育，可准确覆盖外语学习的核心受众——40 岁以下人口。2005 年，日本三大都市圈 40 岁以下常住人口分别为 1211 万（东京都市圈）、936 万（大阪都市圈）以及 894 万（名古屋都市圈），而到了 2019 年，三大都市圈 40 岁以下常住人口增长至 1678 万（东京都市圈）、1311 万（大阪都市圈）以及 1091 万（名古屋都市圈）。③ 2005 年，韩国两大都市圈 40 岁以下常住人口分别为 916 万（"首尔—仁川"都市圈）与 793 万（釜山都市圈）。2019 年，这一数值增长至 1319 万（"首尔—仁川"都市圈）与 1015 万人（釜山都市圈）。④ "青壮年人口总量与外语学习人口呈正相关关系；当某一区域成为青壮年人口的主要聚集区，围绕这一区域增加外语教育投入往往能促进这门语言在该地区的快速传播。"⑤ 日本青壮年人口主要集中于东京、大阪以及名古屋三大都市圈，而韩国青壮年人口则集中于"首尔—仁川"都市圈与釜山都市圈。在可预见的未来，围绕上述都市圈，优先供给中文教学资源，将会有力推动中文教育在韩日两国的良性发展。

———————————

① 日本厚生劳动省劳动人口数据库［DB/OL］.［2020 - 10 - 14］. https：//www. mhlw. go. jp/toukei_ hakusho/toukei/.

② 韩国统计局大韩民国人口数据库［DB/OL］.［2020 - 10 - 14］. http：//kostat. go. kr/portal/eng/resources/1/index. static.

③ 日本厚生劳动省劳动人口数据库［DB/OL］.［2020 - 10 - 14］. https：//www. mhlw. go. jp/toukei_ hakusho/toukei/.

④ 韩国统计局大韩民国人口数据库［DB/OL］.［2020 - 10 - 14］. http：//kostat. go. kr/portal/eng/resources/1/index. static.

⑤ RUBINSTEIN A. Economics and language：five essays［M］. Cambridge：Cambridge University Press，2002.

立足"大都市圈",发展经贸领域中文教育,有利于推动相关中文教学机构之间的合作。由上文可知,布局韩日两国经贸领域中文教育需围绕两条"主线",一是高等院校,二是大型企业。如果考虑两国的高等院校以及企业分布,两国的大都市圈理应成为发展经贸领域中文教育的"核心区域"。从高校分布的情况来看,2019 年,日本全国共有 526 所高校开设了中文课程,其中 89.5% 的院校位于三大都市圈;韩国全国共有 126 所高校开设了中文课程,其中 90.5% 的院校位于两大都市圈。① 从企业分布的情况来看,日本著名企业也主要分布于三大都市圈,如丰田、三菱、东芝、索尼、佳能以及松下,纷纷将总部以及研发中心设立在三大都市圈;韩国三星集团、LG 集团、现代集团、SK 集团以及乐天集团,也将总部以及研发中心设在两大都市圈。上述大型企业均对企业中文培训需求迫切,基于这一前提,围绕东京都市圈、大阪都市圈、名古屋都市圈、"首尔—仁川"都市圈以及釜山都市圈,制定经贸领域中文教育的发展规划,完善中文培训产业以及相关服务,形成区域中文教学联盟,构建和谐中文教学生态,推动形成这一区域中文教学机构形成"合力",将会有效推动经贸领域中文教育在两国的可持续发展。

(三) 以产业化为落地手段,推动经贸领域中文教育的可持续发展

少子化一方面导致一国青壮年人口的逐年萎缩,进而压缩该国的受教育人口总量;另一方面,步入少子化社会的国家往往会高度重视教育质量,将人才培养思路从"数量优先"转变为"质量优先",政府会出台多项利好政策,全面提升本国教育产品的供给质量。② 在所有政策选项中,政府会将发展教育产业化提升至国家战略的高度,换言之,进入少子化社会的国家,其教育培训产业往往会进入快速发展的阶段。③④ 日本于 1980 年进入少子化

---

① 日本厚生劳动省劳动人口数据库 [DB/OL]. [2020 – 10 – 14]. https://www. mhlw. go. jp/toukei_ hakusho/toukei/;韩国统计局大韩民国人口数据库 [DB/OL]. [2020 – 10 – 14]. http://kostat. go. kr/portal/eng/resources/1/index. static.

② 张敬. 韩国汉语传播研究 [D]. 北京:中央民族大学,2013.

③ 郭晓庆. 韩国以教育投资推动产业结构升级的经验及其启示 [J]. 教育理论与实践,2015, 35 (15):31 – 32.

④ 全婵兰,程林. 韩国《智能信息社会背景下中长期教育政策方向和战略》解读与启示 [J]. 世界教育信息,2019,32 (14). 46 – 51.

社会，同年日本教育培训产业的总产值为 2.3 亿美元，而到了 2015 年，这一数值增长至 339 亿。① 韩国于 1996 年进入少子化社会，同年全国教育培训产业的总产值仅为 1.4 亿美元，而到了 2016 年，这一数值增长至 298 亿。②

这一现象启示我们，发展韩日两国经贸领域中文教育，可将产业化作为一种发展思路。大力发展韩日两国的中文教育产业，凸显中文教育的"产业价值"，将少子化带来的"人口劣势"转变为"产业潜力"，为经贸领域中文教育在韩日两国的可持续发展奠定坚实的产业基础。中文教育产业的产业价值包括显性价值与隐性价值两类，前者可通过中文培训机构实现"直接套利"，而后者作用于中文学习者，通过学习者消费中国文化产品，完成"间接套利"。首先讨论显性价值。中文培训机构的显性价值可从机构和学习者两个维度考察。培训机构是中文培训得以开展的物质保证，其获得的经济回报主要表现为中文学习者所支付的学费。从学习者的角度来看，其获得的显性价值更为明显。个体通过接受中文培训，获得一定水平的中文交际能力，为其升职加薪获得可靠的"砝码"。

中文培训机构的隐性价值是一种"附加经济价值"，由中文学习者在消费中国文化产品的过程中创造。一国所生产的文化产品在他国广受欢迎须具备以下两个基本条件：（1）文化背景相似，具有相似的文化产品消费取向；（2）语言相似（或相通），在消费文化产品过程中不会出现"信息解码错误"。中、日、韩三国同属儒家文化圈，两国民众对中国文化具有天然的"亲近感"。近年来，两国蓬勃发展的中文培训产业，有效促进了中文在当地的传播，缩短双方的语言距离，有效激发了两国民众消费中国文化产品的意愿。

（四）探索少子化时代中文教育的发展路径

近年来，韩日两国面临着严重的少子化问题。随着生育率的下降，这

---

① 日本厚生劳动省劳动人口数据库［DB/OL］．［2020 - 10 - 14］．https：//www. mhlw. go. jp/toukei_ hakusho/toukei/.

② 韩国统计局大韩民国人口数据库［DB/OL］．［2020 - 10 - 14］．http：//kostat. go. kr/portal/eng/resources/1/index. static.

两个国家的劳动力市场和社会保障体系都面临着巨大的压力。然而，少子化现象对中文教育的影响也不容忽视。

其一，少子化现象导致学生数量减少，从而影响到中文教育的市场需求。在韩日两国，随着生育率的下降，学生数量逐年减少。这对于那些以中文教育为主导的专业和院校来说，无疑是一个严峻的挑战。在这种情况下，中文教师可能会面临就业压力，甚至需要转行或重新学习其他技能。此外，学校和教育机构为了维持运营，可能会调整课程设置，甚至取消部分中文课程。这种情况在一定程度上削弱了中文教育的地位和重要性。

其二，少子化可能导致中文教师的过剩。随着学生数量的减少，学校和教育机构的中文教师的需求也会相应降低。

然而，少子化对中文教育的影响并非全然消极。随着科技的发展，网络教育和人工智能技术为中文教育带来了新的机遇。在线教育平台可以突破地域限制，为学生提供更加丰富和个性化的学习资源。人工智能技术可以实现个性化教学，帮助学生更高效地掌握中文知识和技能。这些技术的发展和应用，有助于缓解少子化对中文教育的负面影响。

此外，韩日两国可以通过深化中文教育供给侧改革，提高中文教育的质量。例如：加强师资培训，提高中文教师的专业素质；改革教学方法，注重培养学生的实际语言运用能力；加强与其他国家和地区的教育交流与合作，借鉴先进的教育理念和方法。通过这些措施，韩日两国可以在少子化的背景下，保障中文教育质量。

（五）重视当地华文教育的经济价值

海外华文教育正面临转型升级时期，从以往的重视文化价值到现在的重视经济价值，这能够有效避免一些文化上敏感性问题的发生，进一步提升海外华文教育的地位。韩日两国的华商对中韩、中日贸易的促进有着不可磨灭的贡献。重视当地华文教育经济价值具体而言应做到以下四点：一是以市场为导向，推动当地华文教育的产业化发展，拓宽华文教育资源来源、创新华文教学方法、保障师资质量；二是技术赋能，推动华文教育与信息技术的融合，提升华文教育的经济附加值；三是推动华文教育的校企结合，助力经贸领域华文人才培养；四是推动当地华文教育与职业发展的紧密结合，欧洲华文学校应拓宽课程类型，增加职业中文相关课程，提升华文教育的就业价值。

（六）关注中文在韩日两国驻华企业语言管理中的作用

在经济全球化时代，跨国公司的语言管理问题已成为关乎企业运营效率的重要因素。提升韩日两国驻华企业的中文语言能力有助于其开展对华业务。从可操作性的角度出发，相关驻华企业提升其中文语言能力，可从以下四个角度开展工作：在外籍员工招聘方面，可事先根据中文等级证书的要求方便简历筛选，后续并通过面试考察应聘者的实际语言能力；在外籍员工语言培训方面，企业应积极支持并资助企业员工进行中文考试培训，并在员工取得语言证书后给予相应的奖励；在企业工作语言确定方面，企业应厘清中文与其母语国语言的使用场域，如涉及对华市场营销等企业活动时应考虑以中文为工作语言，而与其母语国公司进行跨国协作时则应考虑以该国语言为工作语言；在行业维度层面，重点关注高端制造业与高端服务业中的术语使用需求，建立中外术语的对应标准，进一步提升双方企业在重点关注领域内的工作效率。

总之，韩日两国的少子化现象对中文教育产生了一定的影响。然而，在应对少子化的过程中，我们应该关注中文教育的需求变化，调整教育政策和资源配置，充分利用科技手段提高教育质量，以适应不断变化的社会需求。只有这样，我们才能确保中文教育在未来的发展中继续发挥其重要作用。

本章小结

高端制造业为韩日两国的支柱产业。为高端制造业培养合格的从业人员是韩日两国开展教育投资的主要目的之一。发展韩日两国的经贸领域中文教育需考虑这一客观事实，分别构建面向高等院校与大型企业的中文教育体系。此外，一国的青壮年人口总量与其外语学习人口总量密切相关。韩日两国深陷少子化泥潭，两国的外语学习人口总量逐年减少。发展两国经贸领域中文教育，还应关注少子化对经贸领域中文教育的潜在影响。由于两国青壮年人口主要集中在"大都市圈"内，未来应围绕"大都市圈"，发展当地经贸领域中文教育。深陷少子化泥潭的国家往往重视人才培养质量，其对教育培训产品的消费需求较为旺盛。鉴于此，未来可以产业化为落地手段，推动韩日两国经贸领域中文教育的可持续发展。

第六章
"中国—周边国家"产业协作模式
与经贸领域中文教育的差异化发展趋势

由前述研究可知，不同区域经济体的经贸领域中文教育发展方向存在明显差异：中亚五国应面向采矿业发展经贸领域中文教育；东南亚八国应面向低端制造业发展经贸领域中文教育；韩日两国应面向高端制造业发展经贸领域中文教育。这一现象本质上反映了中国与不同类型国家的跨国产业协作模式对当地中文人才需求的影响机制。本章将从国际分工的角度出发，研究国际分工与经贸领域中文教育需求之间的内在联系。

一、国际分工体系的基本特征

"国际分工体系是社会分工跨越国家界限而形成的全球化分工体系，是社会分工发展到一定历史阶段的产物。"① 根据时间先后，可将国际分工体系分为萌芽阶段、初建阶段、发展阶段以及深化阶段。其中 15 世纪末至 18 世纪中叶，为国际分工体系的萌芽阶段；18 世纪后半期至 19 世纪中叶，为国际分工体系的初建阶段；19 世纪中叶至第二次世界大战，为国际分工体系的发展阶段；第二次世界大战以后至今，为国际分工体系的深化阶段，此时国际分工模式正式进入"全球价值链"时代。②

---

① 宋利芳，杨瑞龙. 西方经济学经典名著选读［M］. 北京：中国人民大学出版社，2012.
② 张辉. 全球价值链动力机制与产业发展策略［J］. 中国工业经济，2006（1）：40 – 48.

根据联合国工业发展组织（United Nations Industrial Development Organization，简称 UNIDO）的定义，国际分工体系是为实现商品价值而连接生产、运输、销售等过程的全球性跨企业网络组织，涉及原料采购与运输，产品生产与分销，直至产品消费与产品回收处理的整个过程。其包括所有参与者和生产销售等活动的组织及其价值、利润分配，当前散布于全球的处于国际分工体系上的企业进行着设计、产品开发、生产制造、营销、交货、消费、售后服务、循环利用等各种增值活动。相比传统的国际分工模式，由国际分工体系主导的国际分工存在如下四大特征。

（一）分工利益存在非均衡性

世界各国通过国际分工获得的利益是不均衡的。根据"微笑曲线"原理，产品的主要利润分布在国际分工体系两端，一端为产品研发环节，另一端为品牌营销环节，中间为生产与加工环节，从而形成一条 U 形价值曲线。发达国家依靠自身在资本、技术以及高端劳动力层面的优势，控制着国际分工体系的高附加值部分。发展中国家是以提供廉价劳动力、消耗本国自然资源为代价，参与低附加值分工。发展中国家只能参与部件制造、产品组装以及原料供给三种低价值分工，因而处于全球国际分工体系的底层（见图 6 - 1）。

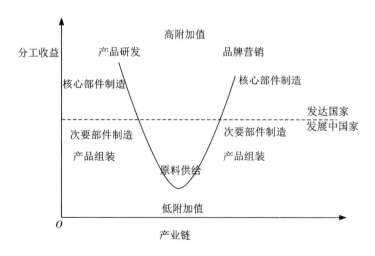

图 6 - 1 国际分工中的"微笑曲线"

（二）分工模式以"部门内分工"为主

第三次科学技术革命对国际分工产生了深远影响，集中表现为"部门内"分工开始取代"部门间"分工。受益于技术革命，产业内分工愈发精细，产业之间的级差化愈发显著。这就需要产业内部采取专门的设备与工艺，以达到特定技术要求和质量要求。根据不同生产环节要素禀赋的差异化需求，产品生产环节可分为产品研发、品牌营销、产品代工、产品组装以及原料采集与加工。不同经济体根据自身的要素禀赋"嵌入"国际分工体系，如"资本—技术"导向型经济体参与产品研发、品牌营销以及核心部件代工；人力导向型经济体参与次要部件代工与产品组装；资源导向型经济体仅负责原料采集与原料粗加工。

（三）跨国公司是国际分工的直接参与者

跨国公司是指由多个国家的经济实体所组成，并在全球范围内从事产品生产、交易、运输、销售以及其他营利性活动的国际性大型企业。跨国公司是当代国际分工的直接参与者。跨国公司在制定全球战略的过程中，一般遵循如下原则：（1）总公司为最高决策中心，分公司的经营策略需服从于总公司的决策；（2）最大限度地获取剩余价值是跨国公司制定全球战略的根本目的，基于这一目的，跨国公司在世界范围内定点生产产品，定点销售产品，从而谋取丰厚的海外利润；（3）跨国公司具有强大的经济和技术实力，强大的资金融通能力，在国际市场上往往具有较强的竞争力，一些实力强劲的跨国公司具有明显的垄断属性。

（四）价值枢纽型国家：当代国际分工体系的主导者

国际分工体系可分为发达国家价值环流和发展中国家价值环流两大体系，前者控制国际分工体系的中高端产业，后者控制国际分工体系的低端产业，两大环流相互影响，形成国际市场的产业价值循环机制——"共轭环流"。[1][2] 相比其他国家，价值枢纽型国家是当代国际分工体系的主导者，

---

① 张辉. 全球价值链动力机制与产业发展策略 [J]. 中国工业经济, 2006 (1)：40 – 48.

② 洪俊杰, 商辉. 国际贸易网络枢纽地位的决定机制研究 [J]. 国际贸易问题, 2019 (10)：1 – 16.

其对国际分工体系的主导权主要表现在以下两个方面。

在发达国家价值环流体系中,价值枢纽型国家往往具有"技术主导权"与"消费主导权"。价值枢纽型国家具备全球领先的制造业技术,这一特质使其获得了"技术主导权"。"技术主导权"保证价值枢纽型国家控制着高端制造业中的"关键节点",其他国家若要参与全球高端制造业的产业分工,需服从于价值枢纽型国家所制定的产业分工体系。此外,庞大的人口总量与较强的人均消费能力是价值枢纽型国家的两大典型特征。上述特质直接导致价值枢纽型国家享有高端制造业的"消费主导权",即控制着全球最大的消费市场。全球高端制造业只有紧紧依附于价值枢纽型国家,将其作为核心市场,才能获得丰厚的经济利润。

在发展中国家价值环流体系中,价值枢纽型国家主要通过"剪刀差"与发展中国家完成利益交换。价值枢纽型国家所生产的产品附加值较高,而发展中国家所生产的产品附加值较低,双方的产品交换模式为典型的不等价交换模式,价值枢纽型国家获利颇丰,而发展中国家获利微薄。需明确的是,双方这种不等价交换模式,绝非价值枢纽型国家"强迫"发展中国家的结果,而是国际分工体系自然调控的结果。通过国际分工体系的自然调控,发展中国家对价值枢纽型国家的依附性也不断增大,最终成为价值枢纽型国家的经济附庸。

当前,中国已逐渐成为连接两大价值环流体系的枢纽型国家。中国通过自主创新,顺利实现产业升级,成功嵌入发达国家价值环流体系。"双向互补"为中国与发达国家的价值交换模式:在高端制造业领域,发达国家对华"让渡"部分高端制造业利润,与中国重塑全球高端制造业产业链(见图6-2)。在消费端,庞大的人口总量以及稳步增长的人均可支配收入使中国成为全球最大的高附加值工业制成品消费国,中国已具备这一领域的"消费主导权"。

在发展中国家价值环流体系,"利润双向转让"则成为中国与发展中国家的价值交换模式:在高端制造业领域,中国产品性价比较高,备受发展中国家消费者的青睐，原本应输送至发达国家的利润则被"转让"至中国；在低端制造业领域，中国已进入"人口红利"的衰退期，发展中国家在这一领域的比较优势开始显现，中国开始向发展中国家"转让"低端制造业的利润。此外，随着中国经济快速发展，对矿产品的需求稳步提升，中国已从原有的矿产出口国变为矿产进口国，拥有大量矿产储备的发展中国家也呈现出比较优势，中国开始向发展中国家"转让"采矿业的利润（见图6－2）。

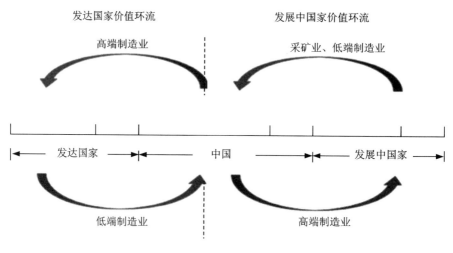

图6－2　中国在当代国际分工体系中的地位

二、差异化赋值假说

中国与周边国家在嵌入国际分工体系的过程中，国际分工体系不仅会决定周边国家所承担的国际分工角色，还会对其中文人才结构进行"差异化赋值"，从而影响不同国家的经贸领域中文教育的发展方向。本小节将分别从理论建构与实例证明两个角度出发，讨论国际分工体系对各国中文人才结构的赋值机制。

（一）差异化赋值假说：国际分工体系对各国中文人才结构的调控机制

基于国际分工理论，笔者提出"差异化赋值假说"，该假说认为：国际分工体系通过分析中文输入国的要素禀赋结构,将中文输入国的产业结构分为优势产业与劣势产业两个大类,其中优势产业对中文人才具有较强的吸附作用,围绕优势产业从事生产、交易以及运输等工作的中文人才为该国的"正向人力资本";劣势产业对中文人才的吸附作用相对有限,围绕劣势产业从事生产、交易以及运输等工作的中文人才为该国的"负向人力资本"(见图6-3)。

优势产业可为中文输入国赚取丰厚的贸易利润。中文输入国为最大限度发挥本国的比较优势,应立足本国优势产业的用工需求,发展经贸领域中文教育。因此,与优势产业密切相关的经贸领域中文教育应成为中文输入国经贸领域中文教育的主要发展方向。与之相对,劣势产业难以为中文输入国赚取贸易利润。在理性条件下,中文输入国应避免大量教育经费流向与劣势产业相关的经贸领域中文教育。换言之,与劣势产业相关的经贸领域中文教育不应成为中文输入国经贸领域中文教育的主要发展方向。

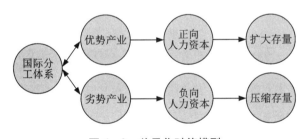

图6-3 差异化赋值模型

(二)国际分工体系对发达国家中文人才结构的"差异化赋值"

资本、技术以及高端劳动力为发达国家富余生产要素,与上述要素密切相关的高端制造业为其优势产业。高端制造业具有分工精细、报酬丰厚的特点,对劳动人口具有较强的吸引力。围绕高端制造业从事产品生产、研发、交易以及运输等工作的中文人才为"正向人力资本"。因此,发达国家会采取扩充存量的策略,优先发展面向高端制造业的经贸领域中文教育(见图6-4)。

与之相对,自然资源与廉价劳动力为发达国家的稀缺要素,与上述要素密切相关的农业、采矿业以及低端制造业为劣势产业。农业、采矿业以及低端制造业具有分工粗糙、报酬低廉的特点，对中文人才吸引力相对有限。围绕相关产业从事产品生产、交易以及运输等工作的中文人才为该国的"负向人力资本"。"负向人力资本"不利于发达国家比较优势的积累。因此，发达国家会采取"压缩存量"的策略，压缩面向农业、采矿业以及低端制造业经贸领域中文教育的物质投入（见图6-4）。

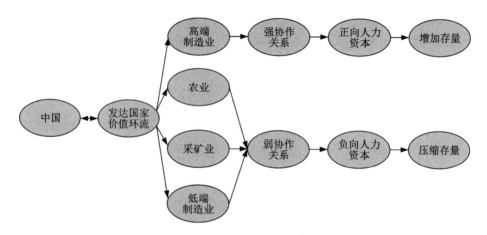

图6-4　国际分工体系对发达国家中文人才结构的"差异化赋值"

（三）国际分工体系对发展中国家中文人才结构的"差异化赋值"

对于发展中国家而言，自然资源与廉价劳动力为发展中国家的富余要素，与上述要素密切相关的农业、采矿业以及低端制造业为发展中国家的优势产业。相关产业具有技术门槛低、岗位供给充足的特点，可吸收大量的廉价劳动力。围绕农业、采矿业以及低端制造业从事研发、生产、交易以及运输等工作的中文人才为发展中国家的"正向人力资本"。这一群体的数量与质量将直接决定发展中国家的国际竞争力。为增强本国的国际竞争力，发展中国家应围绕农业、采矿业以及低端制造业发展经贸领域中文教育（见图6-5）。

发展中国家在高端制造业领域基础薄弱，难以为本国中文人才提供大量的就业岗位。因此，高端制造业在发展中国家难以对中文人才形成稳定的吸附作用,围绕高端制造业从事生产、交易以及运输等工作的中文人才为发展中国家的"负向人力资本"(见图6-5)。对于发展中国家而言,培养面向高端制造业的中文人才,不仅无助于本国经济发展,而且极易造成高端人才的外流。因而,面向高端制造业的经贸领域中文教育不应成为发展中国家经贸领域中文教育的主要发展方向。

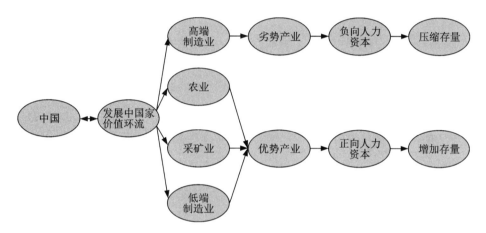

图6-5 国际分工体系对发展中国家中文人才结构的"差异化赋值"

三、国际分工体系视角下的经贸领域中文教育需求

(一)经贸领域中文教育的时代需求

IMF公布的《2019全球经济发展年报》显示,由中国主导世界贸易体系的时代已经来临:(1)从对世界经济增长的贡献率水平来看,中国连续多年蝉联世界经济"发动机"的宝座,自2012年以来,中国对全球经济增长的累计贡献度达到39%,超过美国(10.2%)、欧盟(12.1%)以及日本(5%)三大经济体对世界经济累计贡献度之和;(2)从世界各国对中国贸易的依赖水平来看,自2000年至2019年,世界对中国的贸易依赖度指数从0.4上升至1.5,与之相对,世界对美国、欧盟以及日本三大经济体的贸易依赖度由2000年的1.2(美国)、0.95(欧盟)以及0.74(日本),分别下降至0.81(美国)、0.67(欧盟)以及0.39(日本);(3)人民币国际化稳步推进,欧盟、东盟以及非盟均将人民币纳入"重点外汇储备币种",其

中欧盟直接将"减持美元，增加人民币储备"作为保证欧元区金融安全的长期战略，欧洲央行行长拉加德表示，将人民币纳入重点外汇储备币种，可有效降低欧盟对美元的外汇依赖，这对于保障欧洲金融安全具有重要的战略意义。

语言群体的边界溢出性收益是语言国际传播产生的主要收益之一。放眼全球，对国际贸易具有重要贡献的国家，其官方语言往往具有较强的边界溢出效应。① 随着经济实力的快速提升，中国已成为当代国际分工体系的"价值枢纽"。中文的边界溢出效应愈发显著，积累中文资本已成为世界各国为顺应新一轮经济全球化的"语言刚需"。在可预见的未来，经贸领域中文教育必然具有稳定且强劲的需求。②

根据"差异化赋值假说"，国际分工体系会对各国中文人才进行"差异化赋值"。中文输入国的优势产业往往对中文人才具有较强的吸附作用，在优势产业就业的中文人才为该国的"正向人力资本"。与之相对，劣势产业对中文人才的吸附作用相对有限，在劣势产业就业的中文人才为"负向人力资本"。不同国家优势产业与劣势产业的分布结构存在国别化差异，这一格局将直接决定中文输入国的经贸领域中文教育需求往往与其主导产业相关。下文将分别立足于能源产业、劳动密集型产业以及高端制造业分别讨论与其相关的经贸领域中文教育需求。

（二）能源产业的经贸领域中文教育需求

图 6-6 为世界主要能源消费国的能源供需能力，横轴为能源消费总量（标准化数值），纵轴为能源生产能力（标准化数值）。综合考虑运输成本与区域安全系数两项指标，可将相关国家分为三组：

一是"高产出—低消耗"国家，代表国家为俄罗斯、哈萨克斯坦、乌兹别克斯坦、吉尔吉斯斯坦、塔吉克斯坦、土库曼斯坦、科威特、沙特阿拉伯、卡塔尔、阿联酋以及阿曼。从供给端来看，上述国家控制着全球 67.32% 的石

---

① 宁继鸣，谢志平，王海兰. 交易成本视角下的汉语国际推广对我国经济贸易的意义 [J]. 山东社会科学，2008（5）：134-140.

② 李宝贵，李辉. 完善一带一路沿线国家"中文+"教育发展 [N]. 中国社会科学报，2020-06-23（3）.

油产能以及71.5%的天然气产能。从消费端来看，上述国家石油消费总量仅占全球的2.1%，天然气消费总量占全球的1.9%。因此，上述国家每年会将大量的剩余能源投放到国际市场，为国际能源市场的主要供给方。

二是"零产出—高消耗"国家，代表国家为日本、韩国、德国、法国、荷兰、西班牙、意大利以及波兰。相关国家石油消费总量占全球的27.3%，天然气消费总量占全球26.7%。然而，相关国家的石油、天然气产量稀少，所消费的能源基本依赖进口。

三是"低产出—高消耗"国家，代表国家为中国、印度、南非、土耳其、巴西以及美国。从供给端来看，上述国家控制着全球7.1%的石油产能，6.3%的天然气产能。但上述国家的能源消费能力远远超过本国的供给能力，其石油消费总量仅占全球的29.3%，天然气消费总量占全球的24.12%，也就是说，上述国家需通过大量进口才能维系国内能源市场的"供需紧平衡"。

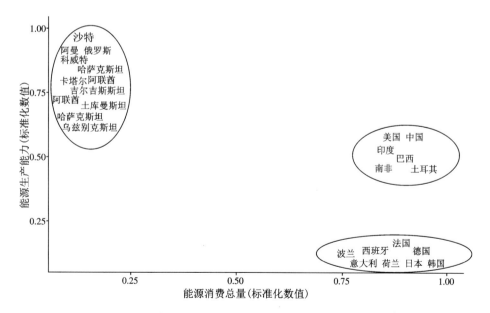

图6-6 全球主要能源消费国的能源供需能力（2019年）①

---

① 亚太经合组织 TIVA 数据库 [DB/OL]. [2020-08-11]. http://www.oecd.org/industry/ind/measuring-trade-in-value-added.html.

能源安全事关国计民生。为确保我国能源供给安全，相关中资机构纷纷走出国门，为我国寻找稳定、可靠的能源供应商，如 2015 年 9 月 3 日，中国石油化工集团（下文称"中石化"）收购俄罗斯秋明油气公司 49% 股权，至此中石化正式获得开采鲁斯科耶油气田以及尤鲁勃切诺—托霍姆油气田的法律依据；2018 年 6 月中国石油天然气集团有限公司（下文称"中石油"）与哈萨克斯坦能源部签署了《中国石油天然气集团有限公司与哈萨克斯坦能源部关于深化油气领域合作的协议》，至此中石油正式获得转运并加工哈国油气的法律依据。

语言服务与能源安全关系密切，及时充分了解国际能源动态，全面深刻认识国际能源地缘政治和能源外交动向，跟踪掌握国际能源市场变化，了解能源技术发展，熟练掌握国际能源治理机制和法律法规，了解和参与国际能源治理，推动能源公平正义和有效国际能源合作，都需要充分发挥语言的力量。有效扩大能源领域的海外人才存量，对我国能源安全具有重要意义。通过能源中文教学，培养一批既懂中文也了解当地能源行情、能源政策的复合型人才。上述人才将会有效提升中资机构与海外能源企业的对接效率，为我国能源供给安全贡献"语言保障"。

（三）劳动密集型产业的经贸领域中文教育需求

图 6 – 7 为 2019 年全球主要经济体的平均劳动力成本，横轴为人均可支配收入（标准化数值），纵轴为人均教育投入（标准化数值）。散点越靠近原点，意味着一国劳动力平均成本越低。反之，则意味着一国劳动力成本越高。综合考虑两项指标，可将相关国家分为高人力成本国家、中等人力成本国家以及低人力成本国家三个大类：高人力成本国家用工成本高昂，相关国家不具备发展劳动密集型产业的比较优势；低人力成本国家用工成本低廉，相关国家在全球范围内具备发展劳动密集型产业的比较优势；中等人力成本国家介于两者之间，相对于高人力成本国家仍具备一定程度的廉价劳动力优势，但与低人力成本国家相比已无优势可言。

当前，中国已进入中等人力成本国家，用工成本的相对比较优势开始进入"衰退期"。"未来 10 年，中国将进入人口红利的衰退期，依靠廉价劳动力赚取外汇的时代将一去不复返。"① 应对这一时代变局,中国企业家纷纷将目光投向海外,在全球范围内寻找国内劳动密集型产业的承接方。产业转移并非一帆风顺。广大发展中国家虽然具备用工成本的比较优势,但相关国家的制造业尚处于起步阶段,相关产业的制造标准与我国标准差距较大,相关产品做工粗糙,难以满足中方需求。此外,在"走出去"的过程中,受制度差异、文化差异的影响,不少中企的员工管理模式与市场营销思路饱受诟病。②③

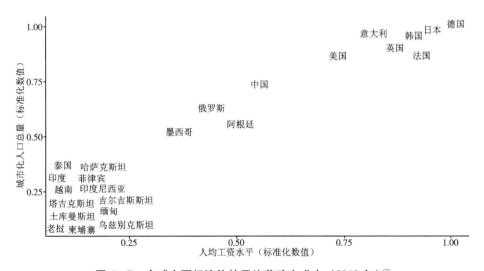

图 6 – 7　全球主要经济体的平均劳动力成本(2019 年)④

中资机构在拓展海外业务的过程中,所面临的问题均可通过发展经贸领域中文得以解决,通过开设纺织中文、玩具中文以及轻工业中文等类型的经贸领域中文课程,培养大量既精通中文,同时也掌握中方生产标准的产业工人,为提高当地制造业水平,奠定坚实的人力基础,开设商务中文课程,为海外中企培养商务中文人才,从而优化海外中企员工结构,全面

①　蒋皓.厉以宁:新三大红利正代旧红利 [N].中国企业报,2012 – 12 – 11(1).
②　张黎.商务汉语口语的话语特征 [J].汉语学习,2010(3):90 – 94.
③　王洋,王丰,贾宝龙,等.现代企业管理的中西文化差异探讨 [J].商业时代,2013(24):140 – 142 + 23.
④　亚太经合组织 TIVA 数据库 [DB/OL].[2020 – 08 – 11].http://www.oecd.org/industry/ind/measuring – trade – in – value – added.html.

提升企业的竞争力，提供人才保障。

（四）高端制造业的经贸领域中文教育需求

分工精细化是高端制造业的典型特征，本书难以穷尽式地介绍高端制造业中所有分支领域的经贸领域中文教育需求。下文仅以电子芯片制造业为例，讨论高端制造业的经贸领域中文教育需求①。图 6-8 为全球电子芯片产业的分工模式。由图可知，越南、泰国、马来西亚、缅甸、印尼、墨西哥等国处于产业链的底层。相关国家不具备生产（或设计）任何一款电子芯片的能力，只能发挥本国廉价劳动力优势，执行成品组装任务。印度、巴西、爱尔兰、俄罗斯、德国、意大利以及法国位于产业链中游，相关国家具备设计（或制造）中低端电子芯片的能力，但不具备设计（或制造）高端芯片的能力。中国（含中国台湾）、日本、韩国、荷兰以及美国则位于产业链的顶层，上述国家（或地区）均能设计任何一种品级的芯片。然而，在芯片制造领域，上述国家（或地区）出现了明显的分化：中国台湾、日本、韩国、荷兰以及美国的芯片极限加工精度均达到（或低于）7 nm 级别，中国大陆目前仅能实现 14 nm 级别的芯片制造，也就是说，经过多年的追赶，中国在设计领域已进入全球的"第一集团"，但在制造领域仍与世界一流水平存在较大差距。

从制裁中兴，到"断供"华为。为全面遏制中国产业升级，美国政府频频出招。为应对这一时代变局，党中央提出"双循环"发展战略，即"以国内大循环为主体、国内国际双循环相互促进的新发展格局"。对于芯片制造业而言，"国内大循环"就是要立足国内，狠抓自主创新，提升我国芯片制造能力。电子芯片的研发周期往往比较长，如果仅依靠"内循环"，短时期内中国企业可能面临无"芯"可用困境。相比其他国家（或地区），日本东芝、佳能、尼康以及韩国三星有可能作为中国芯片制造业的"强力外援"：从日韩两国来看，上述厂商超过四成的利润来自中国，中国市场在

① 亚太经合组织 TIVA 数据库 [DB/OL]. [2020-08-11]. http：//www.oecd.org/industry/ind/measuring-trade-in-value-added.html.

其全球战略中具有难以替代的地位；从中国的角度来看，上述供应商均能生产 7 nm 级别的高端芯片，此种精度的芯片正是中国短时间内难以制造的芯片型号。

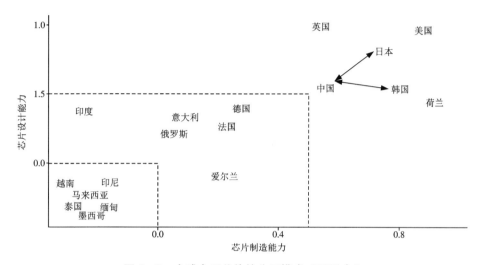

图 6 – 8　全球电子芯片的分工模式（2019 年）

芯片制造的核心流程包含如下三步：（1）设计环节，芯片设计厂根据电子产品制造商的需求设计芯片；（2）制造环节，芯片制造公司利用光刻技术将设计好的芯片电路图"移植"到硅芯片上；（3）测试环节，制造好的硅芯片被送往芯片封测厂，封装测试厂对硅芯片进行性能测试，最后将通过测试的成品售卖给电子产品生产商。上述三大环节又可细分为 103 道工序，这就要求各个生产环节之间需实现信息"无损传递"。"在集成电路领域，中、日、韩三国产业标准存在较大差异，三国若能通力协作，求得一个芯片制造标准的'最大公约数'，将会有力推动三国在芯片制造业的深度融合"。当前中国芯片制造业面临美国的"战略围堵"，中国急需找到"战略突破口"。在这样一个时代背景下，面向日韩两国开发集成电路中文系列课程，培养一批"中文＋芯片制造"的复合型语言人才，为中、日、韩三国精准对接芯片制造的各个环节，实现分工信息的"无损传递"，奠定坚实的人才基础。

本章小结

国际分工体系会根据中文输入国的要素禀赋结构决定其参与何种层次的国际分工。在塑造国际分工体系的过程中，国际分工体系还会对其中文人才结构进行差异化赋值。中文输入国的优势产业往往对劳动力具有较强的吸纳作用，围绕优势产业从事生产、交易以及运输等工作的中文人才为该国的"正向人力资本"；劣势产业对劳动人口的吸纳作用相对有限，在劣势产业就业的中文人才为该国的"负向人力资本"。发展经贸领域中文教育应关注当地优势产业对中文人才的领域性需求，开发相关中文课程，推动当地经贸领域中文教育的可持续发展。

结　语

一、主要观点

本书的主要观点可被概括"三种分析视角、一种吸附效应、三种发展方向以及一种赋值机制"。

"三种分析视角"是指经贸领域中文教育需求分析存在个体、语言产业以及国家三种分析视角。其中个体视角下的经贸领域中文教育需求分析主要关注经贸领域中文教育的经济回报率；语言产业视角下的经贸领域教育需求分析主要关注经贸领域中文教育产业的发展规律；国家视角下的经贸领域中文教育需求分析，不仅要关注国际贸易对经贸领域中文教育需求的拉动作用，还应关注经贸领域中文学习人口对经贸领域中文教育发展的影响机制。

"一种吸附效应"是指贸易结构对中文学习人口的吸附作用。本书基于结构吸附模型，分别以中亚五国、东南亚八国以及韩日两国为研究样本，系统研究了贸易结构对中文学习人口的吸附作用。研究发现，相比进口结构，出口结构对中文学习人口的吸附作用较为稳定。其中对华矿产品出口会对中亚五国中文学习人口产生显著的正向吸附作用；对华低附加值工业制成品出口会对东南亚八国中文学习人口产生显著的正向吸附作用；对华高附加值工业制成品出口会对韩日两国中文学习人口产生显著的正向吸附作用。

"三种发展方向"是指中亚五国、东南亚八国以及韩日两国的经贸领域中文教育方向差异明显。中亚五国应围绕"采矿业"与"职业技术教育"两个要点，发展经贸领域中文教育；东南亚八国应围绕"低端制造业"与"职业技术教育"两个要点，发展经贸领域中文教育；韩日两国应围绕"高端制造业"与"高等教育"两个要点，发展经贸领域中文教育。

"一种赋值机制"是指国际分工体系对各国经贸领域中文人才的差异化赋值机制。中文输入国优势产业对本国中文人才具有较强的吸纳作用，而劣势产业对中文人才的吸纳作用相对有限，中文输入国的经贸领域中文需求主要集中于本国的优势产业，而非劣势产业。中文输入国应关注本国优势产业的用工需求，发展当地经贸领域中文教育。

二、本书的创新之处

（一）选题创新

随着中国综合国力不断提高，中文的经济价值日益凸显。在这样一个时代背景下，研究中文国际传播与国际贸易的相关性具有重要意义。本研究将研究范围固定至经贸领域中文教育，探索两者的相关性，探讨新时期国际中文教育与国际经济交流合作的融合路径，具有一定的创新性。这一命题既是当前国际中文教育事业发展的刚需，也是当前国际中文教育研究中的薄弱环节。

（二）方法创新

本书最为鲜明的特点在于从经济学的角度出发，研究并分析不同区域经济体的经贸领域中文教育发展方向。中国与世界各国开展多维度的经济交流与合作是推动中文在经贸领域全球快速传播的根本动因。因此，揭示不同国家经贸领域中文教育的发展方向，需借助经济学的计量研究方法，定量揭示国际贸易流量与经贸领域中文教育需求之间的相关性。本书遵循计量经济学的研究思路，选取三种经典的时间序列算法——普通最小二乘法、完全最小二乘法、动态最小二乘法，研究了 2005 年至 2019 年中国与中亚五国、东南亚八国以及韩日两国的贸易结构对其中文学习人口的吸附作用，并根据计量研究结果，分析了上述区域经济体的经贸领域中文教育发展方向。

（三）理论创新

本书争从实证研究结论和材料中发现规律、升华理论，在广泛参考经济学相关理论的基础上提出"结构吸附模型"与"差异化赋值假说"。基于经济学中的要素比例模型，本书提出"结构吸附模型"，揭示中国与中文输入国的贸易结构对其中文学习人口产生结构性的吸附作用。基于国际分工体系理论，本书提出"差异化赋值假说"，揭示当代国际分工体系对中文输入国经贸领域中文教育需求的影响机制。根据"差异化赋值假说"，本书提出发展经贸领域中文教育应关注当地优势产业的用工需求。基于这一前提，制定当地经贸领域中文教育发展规划。

三、研究不足及未来研究方向

本书还存在一些不足之处。首先，研究对象仅包括中亚五国、东南亚八国以及韩日两国，共十五个样本国家，并未涉及美国、欧盟、拉盟、非盟等世界其他主要经济体。此外，本书主要立足国家视角，研究不同区域经济体的经贸领域中文教育发展方向，并未考虑中文学习者个体需求以及语言产业的产业诉求对经贸领域中文教育发展方向的影响机制。基于上述不足，在已有研究的基础上，未来可以围绕以下领域，开展进一步研究：

其一，立足国家维度，以结构吸附模型为理论基础，进一步拓宽样本容量。深度挖掘贸易结构对中文学习人口的吸附作用，对现有的理论和模型进行验证和完善。此外，未来还可从对外投资的角度出发，研究中国对外投资对海外经贸领域中文教育需求的影响机制。

其二，立足语言产业维度，围绕产业关联效应、产业波及效应以及产业聚集效应，展开实证研究。研究语言培训业、语言测试产业、语言出版产业、语言文化产业以及语言信息技术产业如何影响中文输入国中文教育产业的发展方向。

其三，立足个体维度，构建不同国家经贸领域中文人才的劳动价格函数，研究经贸领域中文教育的经济回报率。如研究中文技能与专业知识（或技能）对劳动报酬的贡献"权重"，研究国家经济发展水平对中文学习经济回报率的影响机制，研究职业类型对中文学习经济回报率的调控模式等。

随着中国国力的快速提升，中文必将成为一门重要的国际商务语言。经贸领域中文教育必将成为未来国际中文教育重点发展的一个领域。拙作仅起到抛砖引玉的作用，围绕经贸领域中文教育尚有大片未知领域等待我们去开发与耕耘，期待学界各位同仁加入这一时代进程当中。

参考文献

（一）专著

［1］陈平. 代谢增长论：技术小波与文明兴衰［M］. 北京：北京大学出版社，2019.

［2］陈艳艺. 泰国汉语教育现状及规划研究［M］. 广州：世界图书出版广东有限公司，2016.

［3］黄少安，张卫国，苏剑. 语言经济学导论［M］. 北京：商务印书馆，2017.

［4］吕景泉. 鲁班工坊［M］. 北京：中国铁道出版社，2018.

［5］聂亚珍，陈冬梅. 产业经济学［M］. 北京：光明日报出版社，2011.

［6］宋利芳，杨瑞龙. 西方经济学经典名著选读［M］. 北京：中国人民大学出版社，2012.

［7］吴应辉. 汉语国际传播研究理论与方法［M］. 北京：中央民族大学出版社，2013.

［8］中国国际商会. 国际贸易术语解释通则（2020版）［M］. 北京：北京对外经济贸易大学出版社，2020.

［9］MCEWAN P J. Economics of education［M］. Oxford：Oxford University Press，2017.

［10］RUBINSTEIN A. Economics and language：Five Essays［M］. Cambridge：Cambridge University Press，2002.

（二）期刊论文

[1] 安亚伦，于晓宇，曾燕萍．语言文化推广机构对文化产品贸易的影响
——以孔子学院为例［J］．国际经济合作，2016（12）：81－86.

[2] 敖荣军，刘松勤．人口流动与产业集聚互动的机制与过程——理论解
读及经验证据［J］．湖北社会科学，2016（6）：80－85.

[3] 蔡梦月，孙鲁云．语言相似度对中国对外直接投资的影响［J］．现代
语文，2019（6）：122－126.

[4] 陈超，金玺．吉尔吉斯斯坦矿业及其投资环境［J］．世界有色金属，
2012（3）：64－66.

[5] 陈鹏．语言产业的基本概念及要素分析［J］．语言文字应用，2012
（3）：16－24.

[6] 程红，刘星滟．英语人力资本与员工工资——来自2015年“中国企
业—员工匹配调查”的经验证据［J］．北京师范大学学报（社会科学
版），2017（1）：34－50.

[7] 丁俊玲．商务汉语信息库建设刍议［J］．教育评论，2009（5）：104－
106.

[8] 杜英俊，杨满福．泰国职业教育发展概况及启示［J］．当代职业教育，
2018（5）：107－112.

[9] 冯颂妹，陈煜芳．“一带一路”背景下中国与东盟贸易竞争性和互补
性分析［J］．西安财经大学学报，2020，33（1）：95－101.

[10] 龚献静．日本高校“一带一路”沿线国家语言文化教学与研究现状考
察［J］．外语教学与研究，2016，48（5）：755－764.

[11] 顾江，任文龙．孔子学院、文化距离与中国文化产品出口［J］．江苏
社会科学，2019（6）：55－65＋258.

[12] 郭春贵．日本汉语教育的突破口［J］．国际汉语教学研究，2014
（3）：4－5.

[13] 郭晶，吴应辉．大变局下汉语国际传播的国际政治风险、机遇与战略
调整［J］．云南师范大学学报（哲学社会科学版），2021，53（1）：

46 – 53.

［14］郭熙，祝晓宏. 海外华语传播与《中国语言生活状况报告》［J］. 语言文字应用，2007（15）：44 – 48.

［15］郭晓庆. 韩国以教育投资推动产业结构升级的经验及其启示［J］. 教育理论与实践，2015，35（15）：31 – 32.

［16］何子鑫，张丹丹，曹积飞，等. 乌兹别克斯坦矿产资源现状与投资环境分析［J］. 中国矿业，2020，29（2）：26 – 31.

［17］贺阳. 非中文专业语法教学目的的实现［J］. 语文建设，1995（7）：12 – 13.

［18］洪俊杰，商辉. 国际贸易网络枢纽地位的决定机制研究［J］. 国际贸易问题，2019（10）：1 – 16.

［19］侯红玉. 日本高中汉语教育研究［J］. 海外华文教育，2016（5）：618 – 623.

［20］胡霞. 商务汉语教材编写中存在的问题与对策［J］. 科技与出版，2014（9）：105 – 108.

［21］黄建钢. 论跨学科研究的经验、现状及趋势——对"跨学科研究"范式的一点反思和提炼［J］. 学位与研究生教育，2012（3）：45 – 47.

［22］黄建文，田宏强，裴健. 运营商用户数据安全防护体系的探索与实践［J］. 信息网络安全，2012（12）：80 – 82.

［23］季瑾. 基于语料库的商务汉语学习词典的编写设想［J］. 语言教学与研究，2007（5）：15 – 21.

［24］姜国权. 商务汉语教材数字出版浅探［J］. 中国出版，2014（13）：59 – 60.

［25］蒋皓. 厉以宁：新三大红利正替代旧红利［N］. 中国企业报，2012 – 12 – 11（1）.

［26］焦毓梅，于鹏. 韩国汉语教育现状分析及发展前瞻［J］. 长江学术，2010（3）：137 – 142 + 161.

［27］金灿荣. 十八大以来的中国外交理论和实践创新［J］. 当代世界，

2017（10）：9－13.

［28］雷莉．韩国三星集团的汉语教学［J］．世界汉语教学，2006（1）：
　　　122－126.

［29］李荷，吴应辉．习近平文化思想对国际中文教育自主知识体系建构的
　　　指导意义［J］．昆明学院学报，2024，46（1）：11－16.

［30］李青，韩永辉．"一带一路"区域贸易治理的文化功用：孔子学院证
　　　据［J］．改革，2016（12）：95－105.

［31］李泉．论专门用途汉语教学［J］．语言文字应用，2011（3）：110－
　　　117.

［32］李晓东，刘玉屏，尹春梅．中亚本土"中文＋"复合型人才需求分析
　　　与培养方略研究［J］．齐齐哈尔大学学报（哲学社会科学版），2021
　　　（1）：184－188.

［33］李琰，聂曦．中亚高校汉语国际教育发展现状研究［J］．新疆师范大
　　　学学报（哲学社会科学版），2016，37（5）：77－84.

［34］李艳．语言消费：基本理论问题与亟待搭建的研究框架［J］．语言文
　　　字应用，2017（4）：132－141.

［35］李宇明．明了各国国情，顺利传播汉语［J］．世界中文教学，2007
　　　（3）：12－14.

［36］厉以宁．关于教育产业化的几个问题［J］．北京成人教育，1999
　　　（7）：6－9.

［37］连大祥．孔子学院对中国出口贸易及对外直接投资的影响［J］．中国
　　　人民大学学报，2012，26（1）：88－98.

［38］廖佳．"丝绸之路经济带"倡议下中国与中亚伙伴国贸易关系的重构
　　　［J］．商场现代化，2019（24）：67－68.

［39］林新奇．日本企业员工培训的组织保障［J］．经济与管理研究，2006
　　　（10）：53－57.

［40］刘继红．当代韩国汉语教育发展分析［J］．黑龙江高教研究，2005
　　　（3）：158－160.

［41］刘晶晶. 东南亚汉语传播现状、困境与展望［J］. 沈阳师范大学学报，2020，44（2）：123 - 128.

［42］刘俊霞. 中亚国家高等教育国际化发展现状及趋势分析［J］. 教育教学论坛，2017（9）：1 - 3.

［43］刘仲芸，陈小辉. 陕西省与中亚五国的经济发展阶段、贸易特征与模式研究［J］. 商业经济，2019（11）：79 - 81.

［44］楼益龄. 汉语主体意识与对外商务汉语教学［J］. 云南师范大学学报，2004，2（1）：50 - 54.

［45］吕景泉，杨延，芮福宏，等. "鲁班工坊"——职业教育国际化发展的新支点［J］. 中国职业技术教育，2017（1）：47 - 50.

［46］吕景泉. 鲁班工坊——中国职业教育国际知名品牌［J］. 天津职业院校联合学报，2019，21（1）：3 - 10.

［47］牟岚，刘秀玲. 英国对华直接投资的制约因素——基于投资诱发要素组合理论［J］. 沈阳大学学报（社会科学版），2014，16（3）：299 - 303.

［48］宁继鸣，谢志平，王海兰. 交易成本视角下的汉语国际推广对我国经济贸易的意义［J］. 山东社会科学，2008（5）：134 - 140.

［49］宁继鸣. 从交易成本角度看语言国际推广对全球化经济合作的影响［J］. 山东大学学报（哲学社会科学版），2008（3）：141 - 148.

［50］彭国华. 技术能力匹配、劳动力流动与中国地区差距［J］. 经济研究，2015，50（1）：99 - 110.

［51］全婵兰，程林. 韩国《智能信息社会背景下中长期教育政策方向和战略》解读与启示［J］. 世界教育信息，2019，32（14）：46 - 51.

［52］沈庶英. 商务汉语在线教学模式探索［J］. 中国远程教育，2015，（6）：67 - 72.

［53］沈庶英. 经贸汉语综合课的定位［J］. 语言教学与研究，2006（5）：75 - 80.

［54］苏剑. 语言距离影响国际贸易的理论机理与政策推演［J］. 学术月

刊，2015，47（12）：59 - 64.

[55] 孙德金. 对外汉语专业教育中语言知识课的定位问题 [J]. 语言教学与研究，1999（1）：30 - 43.

[56] 孙秀丽. 跨学科研究及其在欧洲研究中的应用 [J]. 牡丹江教育学院学报，2020（5）：41 - 44.

[57] 王飞跃. 社会信号处理与分析的基本框架：从社会传感网络到计算辩证解析方法 [J]. 中国科学：信息科学，2013，43（12）：1598 - 1611.

[58] 王海兰，宁继鸣. 基于个体语言技能资本投资特性的语言传播规律分析 [J]. 社会科学辑刊，2014（3）：95 - 100.

[59] 王海兰. 语言的多层级经济力量分析 [J]. 理论学刊，2015（5）：54 - 60.

[60] 王辉，曾晨刚. 非通用外语教育对国际贸易的促进作用——基于长三角地区的实证研究 [J]. 语言文字应用，2022（3）：2 - 11.

[61] 王娟，戴裕崴. 印度鲁班工坊"一体两翼"建设模式实践探索 [J]. 职业教育研究，2023（10）：5 - 9.

[62] 王彦军，刘强. 日本人口少子化对学校教育经费影响的研究 [J]. 现代日本经济，2020（5）：40 - 54.

[63] 王彦军，张佳睿. 日韩应对人口老龄化对策的经验及启示 [J]. 人口学刊，2015，37（6）：76 - 84.

[64] 谢孟军. 文化能否引致出口："一带一路"的经验数据 [J]. 国际贸易问题，2016（1）：3 - 13.

[65] 易江玲，陈传明. 心理距离测量和中国的国际直接投资——基于缘分视角的分析 [J]. 国际贸易问题，2014（7）：123 - 132.

[66] 余江英. 领域汉语传播规划研究：目标与任务 [J]. 语言文字应用，2019（2）：10 - 19.

[67] 张涵冰，周健. 简评跨国公司直接投资的诱发要素组合理论 [J]. 社会科学论坛，2005（4）：215 - 217.

［68］张辉. 全球价值链动力机制与产业发展策略［J］. 中国工业经济，2006（1）：40 - 48.

［69］张黎. 商务汉语教学需求分析［J］. 语言教学与研究，2006（3）：55 - 60.

［70］张黎. 商务汉语口语的话语特征［J］. 汉语学习，2010（3）：90 - 94.

［71］张全生，郭卫东. 中国与中亚的人文交流合作——以孔子学院为例［J］. 新疆师范大学学报（哲学社会科学版），2014，35（4）：64 - 71.

［72］张卫国，廖纯，程实，等. 语言距离对我国出口和对外直接投资的影响——基于"一带一路"沿线国家的研究［J］. 吉林大学社会科学学报，2024，64（2）：150 - 169 + 239.

［73］张卫国，刘国辉. 中国语言经济学研究述略［J］. 语言教学与研究，2012（6）：102 - 109.

［74］张卫国，孙涛. 通用语的贸易效应：基于中国与 OECD 国家贸易数据的实证研究［J］. 世界经济研究，2018（4）：88 - 96 + 136 - 137.

［75］张卫国，孙涛. 语言的经济力量：国民英语能力对中国对外服务贸易的影响［J］. 国际贸易问题，2016（8）：97 - 107.

［76］张卫国. 语言政策与语言规划：经济学与语言学比较的视角［J］. 云南师范大学学报（哲学社会科学版），2011，43（5）：8 - 13.

［77］张振. 藩篱与跨越：社会公平视域下的东盟职业教育发展［J］. 比较教育研究，2020，42（3）：19 - 26.

［78］赵颖. 语言能力对劳动者收入贡献的测度分析［J］. 经济学动态，2016（1）：32 - 43.

［79］周升起，兰珍先. 中国文化国际影响力在不断提升吗？——基于文化产品和文化服务出口数据的初步考察［J］. 吉林师范大学学报（人文社会科学版），2019，47（1）：57 - 68.

［80］周小兵，干红梅. 商务汉语教材选词考察与商务词汇大纲编写［J］.

世界汉语教学，2008，（1）：77 – 84.

[81] BELFIELD C, LEVIN H M. Educational privatization [J]. International encyclopedia of education, 2010, 23 （2）：337 –341.

[82] BIFULCO R. Spin Cycle：How research is used in policy debates：the case of charter schools [J]. Journal of economic literature, 2009, 33 （5）：121 –141.

[83] HEJAZI W, MA J. Gravity, the English language and international business [J]. Multinational business review, 2011, 19 （2）：152 – 167.

[84] PEDRONI P. Fully modified OLS for heterogeneous cointegrated panels [J]. Department of economics working papers, 2000, 15 （1）：93 – 130.

[85] PEDRONI P. Purchasing power parity tests in cointegrated panels [J]. The Review of economics and statistics, 2001, 83 （1）：10 – 19.

（三）学位论文

[1] 宁继鸣. 汉语国际推广：关于孔子学院的经济学分析与建议 [D]. 济南：山东大学，2006.

[2] 童江. 主要客源国来华旅游潜力及其影响因素研究 [D]. 南昌：江西财经大学，2018.

[3] 尤丽娅（Murodova Yuliya）. 塔吉克斯坦汉语教学现状及问题研究 [D]. 北京：中央民族大学，2019.

[4] 张敬. 韩国汉语传播研究 [D]. 北京：中央民族大学，2013.

后 记

　　《中国周边国家经贸领域中文人才需求建模研究》一书，经过辛勤努力，终于完稿。在此，我谨向所有参与本书审稿、编辑和出版的同人表示衷心的感谢。正是你们的鼎力支持和无私奉献，使得这本书能够顺利面世，为广大读者提供了一个了解中国周边国家经贸领域中文人才需求的窗口。此外，我还要特别感谢我的恩师——北京语言大学的吴应辉教授，正是您的谆谆教导，让晚辈发现语言经济学这片学术富矿。晚辈由衷感谢您的学术引领。最后，也要感谢浙江师范大学国际文化与社会发展学院的吴荷婷、李享同学和华东师范大学国际汉语文化学院唐家晔同学为本书进行格式整理和文献校对等收尾工作。

　　本书以中国周边国家为研究对象，旨在分析这些国家在经贸领域对中文人才的需求状况，并探讨如何通过中文教育培养更多的经贸人才，以推动中国对外贸易的发展。在全球经济一体化的大背景下，中国与周边国家的经贸往来日益密切，中文人才需求也呈现出前所未有的旺盛态势。因此，加强经贸领域的中文教育，培养具备跨文化沟通能力的中文人才，对于提升中国在国际经贸舞台上的竞争力具有重要意义。

　　首先，经贸领域的中文教育有助于提高中国企业的国际竞争力。随着中国经济的快速发展，越来越多的中国企业走出国门，开展国际经贸合作。在这个过程中，掌握流利的中文和了解中国文化的人才成为企业拓展国际市场的重要支撑。经贸领域的中文教育，可以为企业输送大量具备专业知识和跨文化沟通能力的中文人才，从而提高企业在国际市场的竞争力。

其次，经贸领域的中文教育有助于推动中国与周边国家的经贸往来。在全球化的背景下，中国与周边国家的经贸关系日益紧密。然而，语言和文化差异往往成为双方经贸往来的障碍。经贸领域的中文教育，可以为双方提供大量的中文人才，降低沟通成本，促进经贸往来的顺畅进行。同时，这也有助于增进中国与周边国家之间的友谊和互信，为双边经贸合作创造良好的氛围。

再次，经贸领域的中文教育有助于提升中国的国际地位。随着中国经济的崛起，中国在国际事务中的地位日益重要。然而，要真正发挥大国作用，仅仅依靠经济实力是远远不够的。在经贸领域，中国需要拥有更多的话语权和影响力。经贸领域的中文教育，可以培养大量具备国际视野和跨文化沟通能力的中文人才，为中国在国际经贸舞台上发挥更大作用提供人才支持。

最后，经贸领域的中文教育有助于推动人文交流。经贸往来不仅仅是货物和服务的交换，更是文化和价值观的传播。经贸领域的中文教育，可以为双方提供更多的文化交流机会，促进彼此的了解和尊重，为深化双边关系奠定坚实的基础。

总之，经贸领域的中文教育对于中国对外贸易具有重要意义。通过加强经贸领域的中文教育，我们可以培养更多的跨文化沟通能力强的中文人才，为中国在国际贸易舞台上发挥更大作用提供人才支持。同时，这也有助于推动中国与周边国家的经贸往来，增进友谊和互信，为双边关系发展创造良好条件。希望本书能为相关研究和实践提供有益的借鉴和启示。

曾晨刚

二〇二四年元旦